貞節はある種の公害だ！

常識を反転させる実証経済学の論理

本書は弊社刊『ランズバーグ先生の型破りな知恵』の改題新装版です。

エイズが蔓延する原因は乱交にある。人口の増加は人類の繁栄を脅かす。守銭奴は鼻つまみ者である。

この本の目的はそういった常識を打ち破ることにある。

私の持つ武器は経済学の論理である。論理は、私たちが物事を新しい視点で見ようと挑むとき、なにより刺激的な武器となる。

娘は離婚の原因になる。金鉱を掘り当てようとするより、復讐に燃えるほうが健全である。象狩りを禁じることは、象にとって迷惑な話だ。災害援助は、援助を受ける人のためにならない。悪質なハッカーは処刑すべきだ。慈悲深い人は、寄付をばらまいたりしない。本を書くことは社会的に無責任な行為だが、行列に割り込むことは反社会的ではない。背の高い美男美女は高収入を得ているが、それはあなたが思っているような理由からではない。

本書は、反対のもの、独創的なもの、余分なもの、そして奇妙なものに対する賛歌である。そして世界の仕組みに対する、新しい見方を読者にもたらすことを意図している。それは、ときにあなたを怒らせるかもしれないが、同時に笑ってももらえることを願っている。

貞節はある種の公害だ！　目次

第2章 ニュースの読み方

第3章 すべてを正す方法

はじめに

「多い」と「多すぎる」は大違い

経済学の一般原則とは次のようなものだ。

「物事がうまく運ぶのは、人々が行動の結果を受け入れたときである」

言い方を換えれば、

「物事がうまく運ばないのは、自分の行動の結果が人にまで波及するときである」

まるであたりまえのことのようだが、この原則には、昔から信じられてきた世の知恵を揺るがすほど、衝撃的な力がある。

「世界の人口」や「守銭奴の数」、「行きずりのセックス」といったものはまだまだ少なすぎるけれど、タバコの「副流煙」や「児童労働」はちょうどいいくらいだということを、この原則は示唆している。

また、「金銭への執念」は社会を破滅に導くけれど、「復讐への執念」は社会の恵みになることを教えてもくれる。さらに「長身ですらりとした美しい人が高収入を得る」のはなぜなのか、その理由も解き明かしてくれるのだ！

「行列の先頭に割り込んではいけない」という暗黙の了解が全くナンセンスなものであり、政治体制や裁判制度、税制に対する根本的改革も暗示しているのである。

毎年一〇月の週末ともなれば、我が家がある郊外では、どの家の庭にもリーフブロワーを手にした男たちがいて、隣の家の庭に向かって落ち葉を吹き飛ばしている光景を見ることができる。一見はた迷惑な行為のようだが、落ち葉を吹き飛ばすことは、とても理に適っているのだ。もしほかの人が落ち葉を吹き飛ばそうとするなら、自分も同じようにしなければ、自分の庭に落ち葉が余計に積もってしまう。あるいは「隣人と落ち葉を吹き飛ばしあうのはよそう」と取り決めを交わしたとしたら、自分だけがきれいな芝生を確保するのが最善の手かもしれない。経済学とは、こうした行動がもたらす予想外の、そして悲劇的な結果について考える学問である。

日常的な例としては「街にはゴミが多すぎる」という事例がある。ゴミが多いことはたしかだけど、「多い」のと「多すぎる」のとは必ずしも同じではないことに注意したい。ある程度の量のゴミは、そこにあるべくしてあるのだ。

あなたがいま踏みつけている食べかけのサンドイッチは、誰かがスズメバチの攻撃をかわすため落としたものかもしれない。あなたの足にまとわりつく新聞紙は、誰かがカバンを開けたとたんにだいじな書類を風にさらわれ、それを追いかけるうちに落としたものかもしれない。もしあなたがアイスキャンディをなめながら歩いているとき心臓発作を起こしたとしたら、誰も「倒れる前にちゃんとゴミ箱に捨てろ」などと言わないだろう。

このように「世界中のどこの街、どこの道路でも、落ちているゴミはすべて、そこにあるべくしてあるのかもしれないのに、「街にはゴミが多すぎる」と思うのはなぜだろうか？ それは、バナナの皮を落とす人と、それを踏んで転ぶ人は、たいていは同じ人物ではないからだ。これは通行人の**費用**が、捨てる人の**便益**を上回っているにもかかわらず、人はバナナの皮を落とすことがあるということだ。費用とはそれに費やされる経済的負担や消費のことであり、便益とはそれがもたらす経済的利益や報酬のことである。

誰かがバナナの皮を落とすたびに、世界は貧しくなっていく。ゴミが多すぎるというのは、そういう意味なのである。つまり「多すぎる」という概念は、たんなる価値判断の問題ではなく、まさにゴミの少ない世界のほうが、みんなが幸せになれるということを意味しなければならないのだ。

「公共の川」の原理

落ち葉を吹き飛ばすにしろゴミを捨てるにしろ、子どもを産むにしろセックスをするにしろ、貯蓄をするにしろ消費をするにしろ、喫煙するにしろ飲酒をするにしろ、放火をするにしろそれを通報するにしろ、私たちの行動にはすべて費用と便益がある。そしてその費用と便益を意識しているかぎり、量の調節はうまくいくのである。

ちょうどいい数のバナナの皮を落とし、ちょうどいい数の子どもをもうけ、ちょうどいい数のセックスパートナーを選び出すのが正しい「解」である。

だがもしあなたが便益だけを感じ、一方でほかの誰かが費用だけを感じているとしたら、きっとあなたは甘やかされているにちがいない。反対に、あなたが費用だけを感じ、一方で誰かが便益だけを感じているとしても、あなたは満たされないことになる。

たとえば夕食の勘定を割り勘で支払う場合、あなただけデザートを注文することは、ゴミを道に捨てるのと似たようなものだ。便益を得るのはあなた一人だけで、ほかの人は費用だけを負わされることになるからである。

一〇ドルのチョコレートムースがあなたにとって四ドルの価値しかないとしたら、本当は注文すべきではない。きっとあなたも、自分の分は自分で払わなければならないとしたら、注文しないはずだ。ところが一〇人で割り勘にすると、その同じチョコレートムースが、急にお買い得に思えてくる。だがあなたがそれを頼めば、四ドルの価値しかないデザートのためにみんなで一〇ドルを支払うことになり、あなたも含めて全体として六ドルぶん貧しくなるのだ。こんな不幸な結果があるだろうか

また、他人に「波及する」ことで悪い結果がもたらされるということがある。たとえばレストランにおけるタバコの副流煙の問題を考えてみよう。

副流煙とは、誰かが吐き出した煙が、あるテーブルから別のテーブルへ「波及する」ことである。しかしそれだけで、悪い結果がもたらせるわけではない。悪い結果は「波及する」煙を、店主が無視した

場合にかぎられるだろう。だが、店主が顧客の機嫌を損ねるようなことを無視するとは考えにくい。

レストランの全フロアで喫煙を認めれば、煙草を吸わない顧客や従業員の怒りを買うだろうし、逆に全席禁煙にすれば愛煙家を怒らせる。そうした怒りを最小限に抑えることが、店主みずからの経済的利益につながるわけだ。

禁煙による便益が費用を上回れば禁煙にするだろうし、その逆もまたあるだろう。それは便益も費用もすべてが、彼の店で食事をしたくなるか否かという顧客の意思を通して、店主の懐を直撃するからである。オーナーには、決定を下すのに必要な「インセンティブ」があるのだ。

私はこれを「公共の川」の原理と名付けたい。自分の家のプールを汚そうと、自分の経営するレストランで喫煙を許可しようと、それはその人の勝手だ。しかし「公共の川」を汚染するなら、その対価を支払うべきだ。

その反対に、みずから進んで「公共の川」の掃除を買って出るなら、それに対する報酬を得るべきだろう。じつに単純明快な原理である。

ところがこの原理が、ときには思いがけない結果を生むのである。

第1章

日々の経済学

1 セイファー・セックスのすすめ

慎重な心がエイズを招く

過去に限られた性体験しか持たない人々が、現在も少なすぎるセックスに甘んじている理由は、経済学の観点からすればきわめて明瞭だ。それは彼らのサービスが安く見積もられているからである。もしセックスに慎重な人々が自ら過去をうまく宣伝することができたら、きっとＨＩＶを気にする求愛者たちがこぞってもてはやすことだろう。だが現実にはこうしたことはありえない。それは「性的慎重派」を特定するのが困難だからである。また彼らがその基準を緩めることへの「報酬」が不十分なので、基準の緩和のほうも十分にできないのだ。

ここにマーティンという一人の青年がいる。チャーミングだけど何かと慎重なこの青年は、セックスの経験もあまり豊富ではない。

ところが最近、マーティンは職場の同僚であるジョーンといい雰囲気になってきた。そんなタイミングで、社内パーティーが開かれることになった。パーティーの日、会場へと向かう地下鉄の車内で、アメリカ疾病対策センター（ＣＤＣ）の「禁欲」の意義を説く広告がマーティンの目に留まった。この広告は絶大な効果を発揮して、彼はパーティーに行くのを止めてしまったのである。マーティンがパーティーに来ないものだから、可愛いジョーンは、マーティンと同じぐらいチャーミングだが、ずっと軽薄なマックスウェルと意気投合することになる。そしてジョーンはエイズに感染してしまうのだ！

マーティンが慎重さのあまり「恋愛ゲーム」から降りてしまったおかげで、軟派者のマックスウェルが、ジョーンを餌食にしてしまったのだ。あの地下鉄の広告がマックスウェルよりマーティンのほうに効果が出たため、ジョーンの安全が脅かされることになってしまったのである。もしＣＤＣの広告がカルバンクラインの下着広告の代わりに掲示されていたのだとしたら、もっと性質《たち》が悪い。下着の広告を見ていたら、慎重なマーティンであっても、世の中の役に立とうという気分になったかもしれないのに。

つまり、世界中にいるマーティンのような「性的慎重派」が、少しでも破目《はめ》を外してくれたら、エイズの蔓延を遅らせることができるかもしれないのだ。もちろん度が過ぎるのもよくない。マーティンが破目を外しすぎたら、マックスウェルと同じ「危険人物」になってしまうからだ。だがセックスに対して保守的な人々が、その活動の幅を適度に広げることは、大いにほかの人々の役に立つことになるのである。

ハーバード大学のマイケル・クレマー教授は、年間のセックスパートナーが二・二五人以下の男女全員がパートナーの数をもう少し増やせば、イギリス国内のエイズ蔓延の速度を十分に遅らせることができるだろうと予測している。この条件にあてはまる一八歳から四五歳までのイギリス人異性愛者は、なんとその四分の三におよぶのだ！

慎重派よ、バーに行こう！

マーティンのような慎重派は、バーに出かけることで、二つの点で世の中に貢献することができる。一つは、「安全な」相手を探している人間に対して、出会いの確率を上げることができるという点である。もう一つは、ぞっとする話だが、もっと重要だ。今夜、「行きずり」の相手と関係を持ったマーティンはエイズに感染するかもしれない。しかし、それはとってもすばらしいことなのだ。

なぜなら、マーティンはまっすぐ家に帰り着くと、一人さびしく衰弱して、ウィルスとともにやがて死ぬことになる。もしも今夜、「誰か」がエイズに感染しなければならないとしたら、プレイボーイのピートではなく、慎重なマーティンのほうが世の中のためになるはずだ。ピートが感染したのなら、死ぬ前に、さらに二〇人もの人にエイズをうつすにちがいないからである。

マーティンのような男たちは、ぜひともバーに出かけていくべきだろう。彼がエイズに感染していない人を家に連れ帰ったなら、そのパートナーは危険な関係を持たずに済んだのである。あるいは感染した相手を連れ帰ったとしても、そのパートナーが、さらに広範囲にわたってウィルスを蔓延させるかもしれないような男性にエイズをうつすことを食い止めたことになる。

「今夜、僕と寝たほうがいいよ。そしたら病気に感染して、ウィルスと一緒に死ねるから」

こんなことを言ったところでなんの「口説き文句」にもならない。それは「野球場では座っていたほうがいいよ。ほかのみんながよく見えるから」と言っているようなものである。要するに、集団にとっては望ましいことでも、個人にとっては望ましくない場合もあるということだ。

一夫一婦制のたとえ

複数の人間と付き合うことで人の命が救えるとしたら、「一夫一婦制」は、致命的な欠陥をもつ制度だということになる。

たとえば、女性のほぼ全員が一夫一婦制を守る一方で、男性は年に二人のパートナーを必要とする国があるとしよう。この国では、限られた人数の娼婦が、すべての男の相手をすることになる。やがて娼婦たちはエイズに感染し、男たちにうつす。そして男たちはそれを貞淑な妻のところに持って帰るのだ。だがもし、この妻たちが夫以外の相手を一人受け入れたとしたらどうなるだろう。売春業はすたれ、エイズウィルスも生き延びるために必要な速度で蔓延することができなくなり、この世から消えてなくなるかもしれない。

この「一夫一婦制の譬《たと》え」は、マーティンとジョーンのエピソードよりも、さらに意味深な教訓を含んでいるだろう。なぜならこの譬えは、乱交が増えれば社会全体でも、エイズの流行を遅らせることができることを原理上は示している。

実際はどうだろう。人々がどのようにパートナーを選ぶかについて、クレマー教授が立てたいかにも現実的な仮説でも、本質的にこの教訓は間違ってはいない。慎重な人がごくたまに淫らな行いをするとき、彼は「死にいたる天罰」と戦う役目を果たしていることになる。これが、マーティンに「ジョーンとセックスしろ」と応援する最大の理由の一つだ。

理由ならまだある。それは、二人がセックスを楽しむだろうということだ。この「楽しみ」を簡単に片づけてはならない。HIVの感染率を減らすことだけが、追求する価値のある目的ではないのだ。もしそうなら、セックスそのものを禁止してしまえばいいということになる。私たちが目指しているのは、一定の数の性的接触の結果生じる感染を、最少限にとどめることである。そしてそれは、感染を生じる合意に基づいた性的接触の数を、最大にすることと等しい。たとえマックスウェルを阻止できなかったとしても、マーティンは少なくとも誰かを幸福にすることができるのだ。

貞節は一種の公害である

もしあなたがエイズの流行を最少限に抑えることだけを追求するのだとしたら、マーティンにもっとセックスするように奨励していただきたい。しかしあなたが分別のある人間で、セックスの便益とエイズの費用の差を最大にすることが目標だとしたら、マーティンにさらにもっとセックスするよう働きかけてほしいのだ。

新しいセックスパートナーを受け入れれば、何らかの費用を負担すると同時に何らかの便益を得ることになる。それはあなたの問題である。しかし一方で、他者にも費用と便益をもたらすことにもなり、それはみんなの問題である。あなたが奔放な性遍歴を誇っているとしたら、それは費用となる。人々が大きな「公共の川」の中からパートナーを釣り上げようとしているのに、あなたがそこに飛び込んだだけで川が汚染されてしまったからだ。

しかし、あなたがずっと慎重に相手を選んできた人物なら、あなたが入ることでこの「パートナーの川」の水質は良くなることだろう。川に飛び込んでくれるだけで、水がきれいになるのだ！ あなたのおかげで、今晩パートナーを探しに出かける人たちが、安全な相手を釣り上げる確率が高くなるのである。すべての「公共の川」がそうであるように、この「パートナーの川」も汚染する者は多すぎるが、きれいにしようとするボランティアは少なすぎるのだ。

工場経営者たちが環境保護に手を尽くさないのは、それに対する「報酬」が不十分だからである。あるいは、環境保護を怠ることに対する懲罰が不十分だからである。もちろん、何らかの「報酬」は得るだろうが、ほとんどの便益は赤の他人のところに行ってしまう。同じようにマーティンがジョーンと寝ることで、エイズの蔓延と戦おうとしないのも、そういった理由からである。もちろん、何らかの「報酬」（性的快楽といったもの）は得るものの、ほとんどの便益はジョーンの未来のパートナーや、そのまた未来のパートナーのもとに行ってしまうのである。

つまることころマーティンの「貞節」は、一種の「公害」みたいなものである。貞節は、デート市場における安全なパートナーの割合を減らすというかたちで、性的環境を汚染していることになる。工場による大気汚染が多すぎるのは、工場経営者が吸うのは、みずからが汚染した空気のほんの一部だからである。そしてマーティンがパーティーに出かけず部屋に一人でいるのも、エイズが蔓延する結果のほんの一部を彼が負担しているのにすぎないからだ。

「公害」の譬えは、ほとんどすべての物語の教訓を語ることができるような、強い説得力を持つ。マーティンがジョーンとセックスをすることでエイズの蔓延速度が落ちるという結論を導き出すには、マーティンが外出しなかった場合に、ジョーンやマックスウェルや、彼らのパートナーになりうるすべての人がどういう行動をとるかを推測しなければならない。だが、マーティンがジョーンとセックスをすることで世界がより良い場所になると結論づけるのにその必要はないだろう。この場合の「より良い」とは、エイズの費用とセックスの便益のどちらも計算に入れたうえでのことだ。

原則的にある商品（ここではマーティンの性的なサービス）に安い値段が付けられているとき、その商品はたいてい供給不足だということである。

補助金付きコンドーム

セックスに対して慎重な人々がその基準を緩めれば、その便益は周りの人にも波及する。それだけでも、「性的慎重派」がもう少し気楽になれば、世界はより良い場所になるのだということがわかる。とはいえ、世界がより良い場所になるのに、そのかたちは一つではない。エイズの蔓延速度が落ちるかもしれない。人々がセックスをもっと楽しむようになるかもしれない。あるいはエイズの蔓延は加速するが、たくさんセックスをするようになった人々の喜びは、それに勝る価値を持つかもしれない……。「公共の川」の原理からすると、理論上はこうした良い出来事のうちのどれかは起こるはずだ。クレマー教授の研究は、良い出来事は両方とも起こると言っている。つまり「セックスは増えるし、病気は減る」のだ。単にエイズの蔓延を遅らせたければ、クレマー教授の研究が示すように、もっとセックスをするほうが良いことになる。だがもし費用に対する便益の割合を最大にしたければ、さらにもっとセックスするほうがより良いことになる。

では、マーティンたちにセックスを奨励するにはどうすればいいのだろうか?

マーティンも人間である以上、社会のためになることよりも、自分のためになることのほうに目がいくだろう。工場経営者に、いかに汚染が近隣住民を傷つけているかを理解させることはできても、それは汚染をやめるように説得することとは違うのだ。つまり、教育よりも効果的な何かが必要なのである。リベラル派たちは立法化を進めることで、行きすぎた禁欲という問題に取り組むかもしれない。しかし価格制度の信奉者である私としては、適切に策定された助成制度を通して望ましい行動を奨励する方法を選びたいと思う。

簡単に言えば、人々に金を払ってより多くのパートナーともっとセックスをしてもらうのである。だがそれだけでは理想的とはいえない。すべての人間により多くのパートナーともっとセックスをしてもらいたいというわけではないからだ。たとえばマックスウェルは、何もしなくてもすでにセックスしすぎである。重要なのは、もともと過剰なマックスウェルには助成せず、マーティンの「セックスの目覚め」に対してだけ助成するということだ。

では「比較的経験の少ない人だけが、セックスをすると金を貰える」というのではどうだろう。残念ながらこれもうまく機能しない。マックスウェルは、自分の性遍歴について嘘をつくことも、あるいは助成金を手に入れるまではまじめに振舞うということもできるからだ。

必要なのは、マーティンにとっては価値があるが、マックスウェルにとっては価値のない「報酬」である。実際にセックスをしなければ、マーティンには何の役にも立たない「報酬」であり、しかも節操のないマックスウェルよりも慎重なマーティンのほうに値打ちのある「報酬」とはどのようなものだろうか？　その両方の基準を満たす「報酬」は、一つしか思いつかない。すなわち無料の、あるいは手厚く補助された「コンドーム」である。

無料コンドームの便益を得るには、マーティンはセックスしなければならない。そしてコンドームをありがたいと思う気持ちは、マックスウェルよりマーティンのほうがずっと強いだろう。なぜなら、マーティンがエイズに感染していないということはほぼ間違いないから、コンドームで彼の命が救われる可能性が高いからだ。一方のマックスウェルは、すでに感染しているかもしれないので、コンドームに効果があるとは思えない。「補助金付きコンドーム」なら、マックスウェルのさらなるご乱交を煽ることなく、マーティンを殻から誘い出す決め手になるかもしれない。

コンドーム使用者への「報酬」

コンドームを助成する理由はもう一つある。コンドームを使用すること自体が十分に報われていないのだ。コンドームを使えば、自分自身と未来のパートナーたち（そのまた未来のパートナー、そのまた未来の……）を守ることになる。しかしそれに対する「報酬」は、感染の可能性が低くなるという自分を守ったことに対するもののみなのである。あなたの未来のパートナーたちは、あなたの過去のコンドーム使用を見ていたわけではないのだから、それに対してたっぷりの愛情で報いることもない。ということは自分が与えた便益を獲得しそこなっているわけで、結果的にコンドームは十分に活用されていないということになる。

つまり、人々の使うコンドームの量が少なすぎる理由は、彼らのセックスの回数が少なすぎる理由と同じだということになる。マーティンがジョーンとセックスをすれば、ジョーンの未来のパートナーのためになる。マーティンがコンドームを使用すれば、マーティンの未来のパートナーのためになる。しかしどちらの場合も、未来のパートナーたちは誰もマーティンの行動に影響を与える機会を持たないのだ。

「補助金付き」または「無料コンドーム」には、プラスの面とマイナスの面があるというのは、しばしば論じられることだ。プラス面は特定の性的接触による感染の危険を減少させる点であり、マイナス面はその性的接触を増加させてしまう点だという。だが、それはプラスとマイナスではなく二つのプラスである。助成しなければ人々はコンドームを十分に利用しないし、助成しなければコンドームに価値を見いだす種類の人々が十分な数のセックスパートナーを獲得できないのだ。

ところで、この「コンドーム助成制度」の最大の欠点は、そもそもコンドームがそう高価なものではないことだ。もともと一ドルの商品を無料にしたところで、人々の性行動にあまり大きな影響を及ぼすとは思えない。となると、次に考えるべきは、コンドームを使用した人に何かしらの「報酬」を与えてその価格をゼロ以下にすることだろう。つまり「使用済みコンドーム」に対して賞品を与えるのである。そして最適と思われる賞品は、やはり発展家のマックスウェルより禁欲家のマーティンにとって価値あるものでなければならない。

ジャーナリストのオリヴァー・モートンは、「最適な商品」についてすばらしいアイデアを提供してくれた。マーティンたちが禁欲的なのは、内気な性格のためパートナーを見つけられないせいだとするなら、その解決には政府援助による「デーティング・サービス」を開設したらどうかというのである。使用済みコンドームを持ってきたらデートの相手を紹介してあげましょう、というわけだ。

しかしこうした問題は、もし過去の性体験がすべて何らかの形で目に見えるようになれば、一掃されるはずなのだ。未来のパートナーたちが分別ある過去に報いることができるようになり、結果的に適切なインセンティブを与えることにもなるからである。もしかしたら、テクノロジーの進歩がいつかそれを可能にする日が訪れるかもしれない。ここで私は未来のポルノ映画を想像してみた。

「女のスカートが床にすべり落ちた。あらわになった太ももに男の目が吸い寄せられる。そこに埋め込まれたモニターにはこう表示されていた。『このサイトのアクセス数は三一四回です』」

あるいはＨＩＶ検査の結果が陰性だった場合、それをオンライン登録するシステムを作るという手もある。パートナーになる見込みのある人物の名前を入力すると、「陰性と判断された最終検査日／二〇〇六年七月四日」といった内容が表示されるというものだ。プライバシーの問題があると言うのなら、名前の代わりにパートナーから聞いたＩＤ番号を入力すればいい。その場合は、偽のＩＤ番号を防ぐために、検査結果と一緒に該当者の写真も表示されるようにするのだ。

これほどすばらしいアイデアを、なぜ誰もまだ実行に移していないのかがわからない。ともあれ、その日が来るまで私たちにはコンドームの値段を下げ、マーティンが目にした、例の地下鉄広告を撤去するぐらいのことしかできないのだろう。

2　産めよ、増やせよ

現在は過去よりずっと良いはずだ！

現生人類の誕生は約一〇万年前に遡る。それから九万九八〇〇年ほどのあいだ、ほとんどの人々が最低限よりは少しましという程度の生活を送っていた。現代の金額に直すと、年間四〇〇〜六〇〇ドルといったところである。ごく限られた幸運な時代と場所ではもう少し豊かだった場合もあるが、その二倍を超えることはまずなかった。裕福な貴族階級というものもたしかに存在はしたが、数のうえでは取るに足らないほど少数である。もしあなたが、一八世紀後半より前に生まれていたとしたら、年間一〇〇ドル以下で生活していた確率は天文学的に高い。そしてそれは、親や祖父母の代も、あるいは子どもや孫たちの代になっても同じだったはずだ。

ところが、一八世紀後半になって何かが起こった。人々は豊かになり、その後もずっと豊かになり続けているのだ。西洋諸国において一人当たりの国民所得は、少なくとも年〇・七五％という前代未聞の高い伸び率を示したのである！　その二、三〇年後には、世界中で同様の現象が起こり始め、何千年ものあいだ低迷してきた生活水準は年を追って高くなり、人々は向上するのがあたりまえだと思い始めるようになった。今日私たちは、車やコンピュータや医薬品やエンターテインメントが、常に斬新な何かで驚かせてくれることを期待している。しかし産業革命以前にそのような発想はあり得なかった。〇・七五%の年間成長率は、始まってみると、まさに驚異的と映ったことだろう。

しかもそれはまだまだ序の口だった！ 二〇世紀を迎えるころ、一人当たりの国民所得は、インフレ率を差し引いても平均して年一・五%の成長率を示していた。さらに一九六〇年以降の約五〇年間に限定すると、およそ二・三%で成長している。この成長率は、平均的なアメリカ人にとってどのようなものなのだろうか。

もしあなたが年間五万ドルを稼ぐミドルクラスのアメリカ人で、二五年後には子どもたちも同程度の経済的地位にあることを望んでいるとしよう。すると伸び率を二・三%とすれば、あなたの子どもたちのインフレ調整後の所得は八万九〇〇〇ドルに相当する。さらに二五年が経過すると、彼らの子どもたちは一五万八〇〇〇ドルを稼ぐことになる。そしてもしこの二・三%の成長率がずっと続くならば、四〇〇年もしないうちに、あなたの子孫は一日に一〇〇万ドルを稼ぐことになるだろう。これはビル・ゲイツの現在の収入よりちょっと少ないくらいだ。これはインフレで価値を失った遠い未来のドルの話ではない。あくまでも現在の一〇〇万ドルに相当する金額である。

「それほどの富を生み出せるなんて信じられない」と反論するなら、これは数世紀続いた動向からごく控えめに推測したものであることを強調しておきたい。今日の二・三%という成長率が継続すると仮定しての推測だが、実際、成長率は二〇〇年前から伸び続けているのだ。歴史的進歩というものはすべて、実際に起こるまではひどく信じがたいものであった。古代ローマのセクストゥス・ユリウス・フロンティヌスは、紀元一世紀にすでにこう記している。「発明はとうの昔に限界に達した。この先いっそうの発展など見込めない」と。

こうした背景を考えると、景気変動の一時的な浮き沈みなど、おそろしく小さな現象に思えてくるだろう。一九三〇年代の大恐慌の時には、所得水準が二〇年前と同じところまで後退した。数年間人々は、親の世代が常にしていたような生活を送る破目に陥ったが、それはもはや耐えがたいことだった。人々の心の中にある「現在は過去より良い状態のはずだ」という期待は、人類史的には全く新しい現象なのである。一八世紀の政治家なら、人々が「四年前より今のほうが生活に余裕があるか？」と問いかけるとは夢にも思わなかっただろう。なぜなら、自分たちが四年前より良い状態にあるべきだなどとは誰一人として考えもしなかったからだ。

技術革新と経済成長

向上したのは所得水準ばかりではない。私たちはかつてないほど裕福になっただけでなく、短い労働時間と、より質の高い製品も手に入れることができるようになったのである。

一〇〇年前、平均的なアメリカ人は週に六〇時間以上働いていたが、今日では三五時間にも満たない。一〇〇年前、長期休暇を取る工場労働者の割合はわずか六%だったが、現在では九〇%にのぼる。

一〇〇年前、男は一〇代の前半でフルタイムの労働に就くものだったが、今日、ローティーンの労働人口は基本的にゼロに等しい。

一〇〇年前、六五歳で引退する男性労働者の割合は二六％にすぎなかったが、今では六五歳男性の八〇％以上が引退している。

一〇〇年前、平均的な主婦は一日のうち一二時間を炊事や洗濯、掃除や裁縫に費やしていたが、今日では約三時間である。

ここで、一九〇〇年当時の主婦の洗濯手順を紹介してみよう。

まず水をストーブまで運び、薪か石炭を燃やして湯を沸かす。そして洗濯物を手で洗い、すすいでから絞る（手、または絞り器を使用）。干して乾かしたのち、ストーブの上で熱した重いコテを使った過酷なアイロンがけに取りかかる。すべて終了するまで約八時間半かかるが、その過程で一マイル（約一・六キロ）以上歩くことになる。

二〇世紀の初頭には、ほとんどの家に水道はなかったし、セントラルヒーティングも存在しなかった。つまり日々の家事には、年間七トンもの石炭と九〇〇〇ガロン（約三万四〇〇〇リットル）もの水を運ぶという仕事が含まれていたのだ。

そんな主婦たちも、一九四五年ごろには洗濯機を手に入れることができた。これは画期的なことで、洗濯に要する時間は八時間半から二時間半に短縮され、歩く距離も一マイル（約一・六キロ）からわずか六六五フィート（約〇・二キロ）にまで減った。そして現在、洗濯の進行を見守ることに一秒たりとも無駄な時間を費やしたくなければ、終了をメールで知らせてくれる洗濯機を買えば済むようになったのである。

今日、アメリカ合衆国では、年間世帯収入が一万五〇〇〇ドル以下という最貧層でも、九九％が冷蔵庫（そのうち八三％は霜のつかないタイプ）を、六四％がエアコンを、九七％がカラーテレビを、三分の二以上がケーブルテレビを、六〇％が洗濯乾燥機を所有している。そして約半数がパソコンを所有し、そのほとんどがインターネットに接続されている。

購入する製品の質はどうだろうか。たとえば二〇〇一年版の電化製品カタログを探し出してきて、その中に買いたいものがあるか検討してみていただきたい。二〇〇一年は、私の友人のベンが、一・三メガピクセルのデジタルカメラを六〇〇ドルで購入した年である。重さは一・五ポンド（約七〇〇グラム）もあり、記憶媒体はなんとフロッピーディスクだった。もう一度そのカタログをよく見てみよう。わずか数年でいかに各種の製品が改良されたかということに驚くだろう。

医療を例にとってみる。現在の医療が提供するサービスを現在の価格で購入するのと、一九七〇年の医療サービスを当時の価格で購入するのと、あなたならどちらを選択するだろうか。情報に通じた人間なら、間違っても後者を選ぶことはないはずだ。つまり、誇大に宣伝されているにもかかわらず、現代の医療のほうがいつの時代の医療よりずっとお買い得だということである。私たちの生活は改善し、寿命も長くなった。今日、二〇歳の人の祖母が健在である確率は、一〇〇年前より確実に高くなっている。

問題は、現実の所得の増加がこの二〇〇年間にたとえ数字のうえで驚異的に増えていたとしても、私たちの経済状態がどれほど改善されたかは伝わりにくいということだ。今日の平均的ミドルクラスのアメリカ人の現実の所得は、中世ヨーロッパの王侯貴族より少ないかもしれないが、だからと言ってアメリカ人がより贅沢な生活を送ることができないということにはならない。ヘンリー八世だって、現代の水道設備と一生分のペニシリン、そしてインターネットへのアクセスとなら、王国の半分だって引き換えにしたかもしれない。

このような流れは果たして今後も続いていくのだろうか？　もちろん誰にもそれはわからないけれど、可能性について、経験に基づいた推測を導き出すことはできる。多少の変動はあったにせよ、経済成長は過去二〇〇年のあいだ衰えを見せることなく、加速しながら続いてきた。さらに私たちは、その成長が技術革新という燃料に支えられてきたことも知っている。そして、その燃料がなくならないのは、技術革新が自給しているからだということが推測できる。新しいアイデアが生まれるたびに、また別の新しいアイデアへの道が切り開かれる。それに加えて、富の増大が人口増加を後押しし、増加した人間の中からさらなる富を作り出すアイデアが生まれてくるとしたら、楽観的になっても許されるはずだ。

懐疑論者たちは「人口が多くて経済状態がどん底の国だってあるじゃないか！」と主張するかもしれない。しかしそうした国々では例外なく、より多くの天才が輩出する可能性と取引相手の豊富さが、発明の才に対する報酬と取引機会の両方を制限するという、政府の政策により損なわれているのだ。人口増加の利点が取り除かれてしまったら、そこには不利な点が残るだけであろう。

アイデアが増えれば、人類は繁栄する

テッド・バクスターというニュース番組の司会者として知られた人物は、子どもを六人もうけるつもりだったという。その六人のうちの一人が成長して、世界の人口問題を解決してくれることを期待したらしい。彼はみごとに本質を見抜いた「エコノミスト」だったようだ。問題を解決するのは人間なのだから、人間の数が多いほうが多くの問題を解決することができるのだ。

祖父母の代よりもあなたの代のほうが、あなたの代よりもさらに孫の世代のほうが豊かになると思われる最大の理由は、それぞれの世代が祖先の創造性にただ乗りしてきたからにすぎない。あなたの親の世代は三つのチャンネルから選んだ番組を白黒テレビで観ていた。テレビには録画機能などはなく、放送時間後に観ることなんてできなかった。電動タイプライターは革新的な機能を売り物にしていた。一つ前の文字を自動的に消すことのできる「削除」キーである。しかしそれより前の文字を消去しようと思ったらもうお手上げだった……。

今日、私たちが快適に暮らせるのは、ケーブルテレビやビデオやパソコンを発明した人たち、そして彼らの親が「人口増加停止運動」に参加せずに済んだという、思いがけない幸運によるものだった。繁栄の原動力は技術革新であり、技術革新の原動力は人なのである。アイデアを生み出すのは人なのだ。だから人が多ければ多いほど、アイデアも多くなる。アイデアが増えれば、人類は繁栄する。

前出のマイケル・クレマーは、一〇〇万年におよぶ人類の歴史の中からデータを収集し、次のような

説を唱えた。

「人口増加は技術革新を推進し、技術革新は経済成長を推進し、豊かになった社会はより多くの子どもを養えるため、さらなる人口増加を促すという好循環が生まれる」

クレマー教授の議論は、人間の数が二倍になれば天才の数も二倍になるだろうという仮説に基づいている。したがって、規模の大きい高校ほど強いフットボールチームを擁するのと同じで、人口が多いほどより優れたテクノロジーを生み出せるということになる。しかもそれだけではない。一人の偉大なクォーターバックは偉大なクォーターバックでしかないが、一人の偉大な発明家は、みんながより生産的になる方法を教えてくれる。そして、クォーターバックの貢献は卒業と同時に終わるが、発明家の貢献は永遠に生き続けるのだ。

天才というのは互いに刺激し合うものなので、二〇〇〇人の天才は、一〇〇〇人の天才の二倍以上のアイデアを生み出すかもしれない。また人口が多いということは、新たな発明品を受け入れる市場も大きいということでもあり、それは発明家を奮起させるインセンティブとなりえるのだ。つまり、人口の増加はただ単に天才の数を増やすだけでなく、普通の能力しか持たない人間にとっても、その能力を最大限に活かそうとする励みを与えてくれるのだ。

人口増加がもたらす恩恵は繁栄ばかりではない。

私たちが隣人を大切に思うのは、彼らがこれから取引相手になる人かもしれないし、友人や結婚相手になる人かもしれないからだ。子どもたちを大事にするのも、彼らの生産能力とは関係ない理由からである。多くの人がモンタナよりニューヨークを、田舎よりもカルカッタを好むのは、人ごみの中で暮らすほうが都合がいいからなのだ。

人間の数が増えれば、世界はより多様になる。室内楽やパラセーリング、エチオピア料理のレストランは、それが好きな人がいる場所でしか生き延びられない。マンハッタンやデトロイトの住人が「人ごみがいやだ」とこぼしたとしても、本気で言っているとはとても思えない。アメリカ合衆国には人の少ない地域がいくらでもあるのだから、引っ越したければいつでもそうすることができるのだから。ニューヨーカーは、ニューヨークに住むのは劇場やオーケストラや、雇用の機会がふんだんにあるからだと言うかもしれない。しかしそれは、ニューヨークに住むのは人が多いからだと言っているのと同じことなのである。

人口増加には大いなる便益がある。最も重要な点はそれが波及する便益だということだ。私が子どもをつくろうと決心すれば、便益を得るのはあなたなのだ。地球の人口は過剰なのか、それとも不足しているのかを判断するには、波及する便益と、それに対して想定しうる波及する費用とを比較検討しなければならない。そのためにはまず、波及しない便益と費用がどのようなものか認識しておく必要がある。

我が人生最良の日

娘が生まれた日、我が家の一人当たりの国民所得は三分の一減った。夫婦二人ではなく三人で割るからである。もし、それを埋め合わせる便益がなければ、娘の誕生日は「我が人生最悪の日」になっていただろう。しかしそれは「我が人生最良の日」となった。経済学者のピーター・バウアーは「一人当たりの国民所得が人間の幸福度を測る正しいものさしだとしたら、家畜の出産は喜ばしいことだが、子どもの出産は忌むべき出来事である」と言っている。

しかし実は、個人的な、つまり波及しない費用と便益の大きさは、人口問題にはあまり関係がない。なぜなら、人が自分の家族の規模を調整するのに必要なインセンティブは十分あるからだ。家族の規模は、経済状態の変化にかなり敏感に反応する。世界中どこでも、教育に対する経済的な見返りが大きくなると、必ず親が子どもたちに十分な教育を受けさせようと考えるため、家族の規模は小さくなる。このことは、一九世紀には子どもが七人から九人いる家庭が普通だったが、現在では珍しいという事実の説明となるだろう。そして世界中どこでも、子どもの死亡率が下がると、出生率も下がる傾向にある。つまり、生き残る子どもが増えると、子どもの数を減らすことでそれを補正しようとするわけだ。このことからも、ほとんどの子どもが偶然の産物ではなく、選択の結果であることがわかるだろう。

小さな規模ではあるが、最近オーストリア政府がわざわざ制御実験をしてくれた。

オーストリアでは、初めて出産した母親には一年間の育児休暇が与えられ、そのあいだ政府から月々の補助金が支給される。ところが一九九〇年、法律の緩和によって、第一子の誕生から二年以内に第二子をもうけた場合は、二度目の育児休暇が取れるようになった。これは突然の変更だった。一九九〇年六月に第一子を出産すれば旧制度に、七月に第一子を出産すれば新制度に従うことになったのである。しかも、そこには選択の余地はなかった。法律の改正案が提出されたのが一九八九年一一月になってからのことで、それに合わせて妊娠の計画を立てることはできなかったのだ。

その結果、六月に初めて出産した母親に比べ、七月に初めて出産した母親のほうが、二年以内に第二子をもうける割合が一五％高かった。さらに一〇年後を見ても、やはり七月の母親のほうに子供が多いことがわかった。

オーストリア政府の補助金は、月額約三五〇ドル程度のものだった。つまり、それが仮に比較的小さなインセンティブだとしても親たちはインセンティブに反応するということもわかったのである。しかもかなり敏感に、費用対便益の計算をしているということが。

子どもが欲しいと思ったのだから、私は娘が出費に値すると考えたのである。どんな費用を感じようと便益のほうが大きかったのだ。おそらく、あなたの両親も同じように感じたはずである。そうでなければ、あなたは生まれてこなかっただろう。しかも、その便益は波及するのである。あなたも私の娘も、アイデアや多様性や愛情という世界の蓄えに貢献しているのだ。しかしそれでもまだ、世界が私やあなたの親が子供をもうけることを賞賛するべきだということにはならない。その前に、そうした便益を相殺する、波及する費用を計算しなければならないのだ。

過密は費用ではない

人口増加によって波及する費用には、過密という問題も含まれると思われるかもしれない。しかし、過密は費用でも何でもない。それは一〇〇％任意のものだからである。人ごみに住みたくなければ、住まなければいいのだ。ニューヨークのように人が密集しているところで文化的な便益を楽しむのもいいし、ヴァージニア州の田舎町で静かでゆったりとした生活を楽しむこともできる。ニューヨークから人ごみをなくすということは、選択肢の一つをなくしてしまうことだ。

シカゴの住人がネブラスカに、カルカッタの住人が田舎に引っ越すのも自由である。不平を口にしながらも実際にそうしないのは、人ごみのほうが好きだからである。人が人の近くに住むことに高い価値を見いだすのでなければ、いったいなぜマンハッタンの家賃はあんなに高いのだろうか?

最近の調査によると、ニューヨーカーの三七%は「できるものなら街を離れたい」と言っているそうだ。言うまでもなくこれは、できるにもかかわらず誰一人として街を離れていないのだから、ニューヨーカーの三七%は調査員に嘘をついているというのがこの調査の結果である。

たしかにこの世界には人が多すぎるように感じるかもしれない。しかしうまく積み重ねてみれば、グランドキャニオンにちょうど収まる程度なのだ。またエコノミストのトーマス・ソーウェルがこういう情報を提供してくれている。まず、テキサス州全体を五〇〇〇平方フィート(約四六五平方メートル)の区画に分割する。そして一区画に一軒ずつ家を建て、それぞれに四人家族を住まわせてみると、それだけでもう世界の総人口を収容したことになるというのだ。

その他にも多くの費用に見えるものは錯覚である。たとえばあなたが、車の価格を競り上げたとき、あるいは私が狙っていた仕事に応募したとき、あなたは私に費用を負わせてしまったと思うかもしれない。しかしそれは本当の意味での費用ではない。なぜなら、それを相殺する便益も一緒に付いてくるからだ。車の価格が上がれば、買い手が失った分だけ売り手は利益を得る。あなたのほうが私より力のある求職者だったとしたら、私の損失は雇用主（およびその顧客）にとっては利益になるのだ。

ロビンソンは石油を浪費しない

人騒がせな予測や、デマを飛ばすことを商売にする人たちは見当違いな質問ばかりする。

質問その一。「地球は人間を何人まで支えられるのか？」

これはまったく不適切な質問だ。地球は意思決定者ではないのだから、そんな心配をする必要はまったくない。それよりも、地球における自分の取り分がどれだけの人を支えられるかということだけを考え、それに従って家族の規模を調整すればいいのだ。誰かが自分の取り分を少しだけ増やそうとしたからといって、それに文句を言うのはお節介なことだ。

質問その二。「石油やその他の限りある資源がなくなってしまったらどうするのか？」

これもまた間違った質問である。なぜなら石油消費が自分よりも隣人に費用を課していることを暗黙のうちに仮定しているからである。そもそも隣人のいない世界では、こんな質問は出てこないだろう。

ロビンソン・クルーソーが石油を使いすぎることなどありえないのだ。ロビンソンが「もう少しあればいい」と思うことはあるかもしれないが、彼には与えられた量のうち今どれだけ使うか、将来のためにどれだけ取っておくかを適宜振り分けるためのインセンティブが十分にある。同様のことは、仮にロビンソンに愛する子どもや孫たちがいた場合にもあてはまるだろう。彼が一ガロンの石油を消費すれば、彼の孫の石油は一ガロン減ることになるのだから、そうした点を熟慮して決めるはずだ。

だが島にたくさんの家族が住んでいて、ロビンソンが自分の家族のことしか考えていなかったとしたらどうだろう。それでもやはり問題はない。ロビンソン一家は、石油、あるいは石油と交換できる何らかの資産を所有しているのだから、その管理に関する決断は自分たちで下すことができる。他の家族も彼ら自身の決断を下すだろう。それぞれの決断が、お互いに影響を及ぼす必要はないのだ。

もし自分の家族に十分な石油がないかもしれないと心配するのなら、家族の規模をそれ相応に縮小すればいい。もし他の人が無謀にも差し迫った危機を無視していると思ったとしても、そんなことを心配する必要はない。むしろそれはビジネスチャンスかもしれない。油田を購入して、あなたの子どもたちを金持ちにすればいいのだ。それに他の家族が本当に無謀だとして、彼らが勝手に間違った決断をしたところで、あなたにはいっさい費用はかからない。

人口増加は公害の裏返しである

さて、これがしかるべき質問である。

「あなたの誕生は――いやすべての子どもの誕生と言ってもいいが――祝福すべきことなのか、それとも忌むべきことなのか?」

この問いへの答えを出すために、世界を人と分かち合うことの費用と便益をリストアップしても無駄であろう。

暑い夏の夕方、渋滞に巻き込まれたあなたは、前の車のドライバーに費用を強いられたことはよく覚えているけれど、カーエアコンの発明者から便益を与えられたことは忘れているだろう。あるいは、クーポン券を取り出すのに手間取ってレジに長い行列を作った買い物客のことは覚えているかもしれないけれど、寒い冬の晩にタイヤ交換を手伝ってくれた親切な人がいたことをあなたは忘れているだろう。ニューヨーカーは「人が多い」と文句を言うことは身に沁みついているけれど、人ごみがなければニューヨークもシーダーラピッズ(アイオワ州東部にある都市)になってしまうことをすっかり忘れているのだ。

そこでリストを作成するよりも、親が子どもを産むことを決めたときに、何を考えていたのかを想像してみるのが手っ取り早いだろう。そこにはどのようなバイアスがかかっていたのか。費用も便益も少なめに見積もっていた可能性はなかっただろうか。

費用については、そのすべてが家族に降りかかるのだから、見落としていたとは考えにくい。あなたが生まれたことで、資源——土地など有形の資産と親の愛情など無形の資産——が、両親が愛する他の子どもたちのもとに行かなくなった。つまりこの場合の費用は他者には波及していない。同様に人ごみも、自由意志から生じるものだから、波及する費用ではない。

アイデアや愛情や友情、多様性という世界の蓄えに対するあなたの継続的な貢献といった便益のほうは、もっと広がりのあるものだ。あなたが今までにない強力なネズミ捕りを考案したら、何百万という人があなたの恩恵をこうむるだろう。こうした便益をリストアップする方法はないが、その多くがまったく見知らぬ人たちにまで波及することだけは確かである。ただ、あなたの両親はそこまで考えはしなかったはずだ。

要するに、あなたを産もうと決めたとき、親は費用のほとんどと便益のごく一部を天秤にかけて、それでもあなたを欲しいと思ったのだ。すべての費用とすべての便益を秤にかけた、より広い社会的な観点からすると、あなたは掘り出し物だったに違いない。

実際のところ、ほとんどの子どもが掘り出し物なのだ。ただ、家族以外に実質的な費用を押しつける、泥棒や侵略者や嘘つきになるような子どもだけは例外である。意思決定者が便益よりも費用を気にしている場合、その決定は慎重になりすぎるきらいがある。つまりほぼ間違いなく、親は社会が望むよりも少ない数の子どもしか持たないということであり、その結果、人口増加率は低くなるのだ。

人口増加とは「公害を裏返したようなものだ」と言えるかもしれない。汚染の元凶である製鉄所の経営者は、すべての便益（すなわち彼の利益）と、ごく一部の費用（自らの支出は考慮するが、近隣住民の健康は考慮しない）を天秤にかけようとする。その結果、生産過剰になる。親は、もう一人子どもを産むことのすべて、あるいはほとんどの費用（他の子どもがもらい損ねた資産）と、ごく一部の便益（自分の子どもに対する愛情は考慮するが、他の人たちの子どもに対する愛情は考慮しない）を天秤にかける。その結果、生産不足になる。

別の見方をすれば、自分以外の人が子どもをもうけるのは、常に喜ばしいことになる。その子どもたちがあなたの生活を豊かにしてくれるかもしれないのに、彼らを育てるために尽力するのは他人なのだから。だからこそ、私たちはお互いの子づくりを積極的に助成しあうべきではないだろうか。そうした助成がなければ、少子化は進む一方である。しかるべき罰金や課税がなければ、環境汚染が急速に進むのとそれは同じことでもある。

この世界のどこかに、私のせいで少しばかり不幸になった若い女性がいる。いつの日か、彼女の心を奪ったかもしれない息子を持てなかったからだ。もし彼女のことを自分の娘と同じぐらい気にかけていたら、私は息子をもうけていただろう。しかし、よその子どもは自分の子どもほど重要ではないとでもいうかのように、私は早々と子づくりをやめてしまった。

つまり、私は利己心から家族の規模を限定したことになる。わがままはわかっている。ただわからないのは、利己的になれと人に薦める行為だ。「人口増加停止運動」のような団体が目ざしているのがまさにそれである。それよりも子づくりを助成するような方策を考えるほうが、よっぽど意味があるはずだ。たくさん人がいる世界は、繁栄するだけではない。人口が多ければ、その分だけ趣味を同じくする友人に出会う機会も、見知らぬ者どうしで交わす小さな親切も、恋人を見つける可能性も増えることになる。

それは、子どもたちがいればこそ叶う世界なのである。

3 守銭奴で何が悪い

ケチほど寛大な人間はいない

この世の中で、守銭奴ほど寛大な人間はいない。世界の「資源」を使い果たすこともできるのに、あえてそれをしないのだ！　慈善とケチのただ一つの違いは、慈善家が一部の恵まれた人だけに尽くすのに対して、ケチは気前の良さを広い範囲にまで及ぼすということである。

「守銭奴」の代名詞になっている『クリスマス・キャロル』の主人公、エベニーザ・スクルージのこんなところが私は好きだ。

スクルージは暗く冷えきったみすぼらしい家に住んでいた。それは暗いままなら安く済むし、暖房用の石炭を使うこともない。夕飯は自分で作った水っぽい粥で、身の周りの世話をする人間など雇ってはいなかった。

彼のことをみんなケチだと言うが、とんでもない濡れ衣にすぎない。ランプも灯さず、わずかな食事で済ませ、人が燃やす燃料と人が食べる食料を残しておく。これ以上気前のいい行為があるだろうか？

召使いを一人も雇わず、誰か他の人に仕えられるようにしている。これ以上慈悲深い人間がいるだろうか？

こんならがった見方もできる。スクルージが石炭を少ししか要求しないものだから、炭坑夫は掘る量を減らそうと考えるのではないか。しかもそれはたいへん良いことなのだ。スクルージのために石炭を掘る必要のなくなった坑夫志願者が、人のためになる別の仕事に就けるようになったのだから。

『クリスマス・キャロル』には、巨大で豪華な公邸に住む市長も登場する。彼は、市長にふさわしいクリスマスの支度をするよう、五〇人もの料理人と執事に命じる。公邸を埋めつくした客人たちはきっと、市長の気前良さに惜しみない讃辞を呈したことだろう。だがこの公邸一軒に使われたレンガとモルタルと労働力があれば、何百人という人の家を建てることができたかもしれない。一方で、部屋が三つしかない家に住むスクルージは、誰からも家を奪っていない。料理人も執事も雇わず、どこかの家で料理人と執事をすぐにでも使えるようにしているのだが、どんちゃん騒ぎを繰り広げる客たちは、スクルージにそのような「借り」があることになど気づきもしないのだ。

あなたがもし家を建ててもその家を購入しないとしたら、世の中は家一軒分、豊かになる。あなたが一ドルを稼いでもそれを使わないとしたら、世の中は一ドル分、豊かになる。なぜなら、あなたは一ドル分の商品を生産したのに、それを消費しなかったからだ。

では、その「商品」は誰の手に渡るのだろうか？　それは、あなたの蓄え方によって変わってくるだろう。その一ドルを銀行に預ければ、どこかの誰かが休暇や家の修繕に一ドル余分に使えるほどの金利を引き下げることになる。その一ドルをベッドの下に隠せば、マネーサプライを効果的に減らすことで、どこかの誰かが夕食で一ドル余分にコーヒーが飲めるほどの価格を引き下げることになる。

利息を取って金を貸していたスクルージは、抜け目のない投資家に違いない。ディズニーのキャラクターで、ドナルドダックのおじさんのスクルージ・マクダックは、名前だけは引き継いだものの、『クリスマス・キャロル』の主人公とは違って、金庫にドル紙幣をしきつめてその上を転げ回ることが大好きだった。エベニーザ・スクルージは金利を引き下げた。スクルージ・マクダックは価格を引き下げた。どちらのスクルージも、市民をクリスマスディナーに招待した市長と同じぐらい、周りの人々を豊かにしたのだ。

七面鳥はどこから来たのか

「算数の法則」では、スクルージの食べる量が少なければ、他の誰かの食べ物が多くなる。一方、「経済学の法則」では、その余分な食べ物を欲しがる人がいなければ、誰かが欲しがるまで「価格」あるいは「金利」を調整する必要がある。

「経済学の法則」を議論したところで何の役にも立たないし、「算数の法則」にいたっては議論をしてもまったく無益なことだ。しかし、私が初めて「スクルージ擁護」の文章を発表したときには、それをあえて試みようとする読者がたくさんいたのである。

彼らの仮説や主張は次のようなものであった。

「スクルージが金庫いっぱいの金を持っていても、使う気がないとしよう。隣に住むカスバートは飢えて今にも死にそうだ。もしスクルージがカスバートを使用人として雇えば、カスバートは報酬として金を手に入れ、それを七面鳥と交換することができる。したがって、スクルージが金を使うほど、カスバートもたくさん食べられるであろう……」

彼らは次の点を見落としている。つまりカスバートの七面鳥はどこか別のところにあったものだということだ。スクルージが七面鳥に散財することなどないから、彼のところから来たものではないとしたら、誰か別の隣人のところから来たことになる。

その隣人の名をエグモンドとしよう。エグモンドは一体どんな事情で七面鳥を手放したのだろうか？　カスバートが七面鳥を買いにきたので、店主は七面鳥の数よりも買いたい人間のほうが多いことに気づく。そこで店主は七面鳥の価格を上げる。そしてどんどん価格をつり上げていき、ついにエグモンドはあきらめて帰ってしまう。あるいはこの価格の上昇によって、農夫のアデルバートは飼育する七面鳥の数を増やすようになるかもしれない。しかし今度は七面鳥の生産に労働力と飼料を持っていかれて、アデルバートはニワトリの飼育ができなくなり、こんどはニワトリを手に入れられない人が出てくる。

ここで避けて通れないのは、カスバートの七面鳥が降ってわいたものでも、スクルージのものでもないという点である。つまり別の誰かのものだったということだ。

ある読者は次のように主張してきた。

「スクルージが貯め込んでいる金で、お腹を空かせた炭坑夫の子どもたちに何かを食べさせることができたはずです」

いやそれは無理と言うものだ。金には、タンパク質も炭水化物も脂肪その他の栄養素もほとんど含まれていないのだから（もっとも繊維は豊富かもしれないが）。金と食べ物を交換することはできるが、その結果、誰かが食べる分が少なくなるだけだ。そうした現実に気づいていないこの読者は、スクルージをこう非難した。

「経済活動から資本を取り除き、経済が動いていれば利益を得ていたはずの人々を飢えさせている」

経済活動から資本を取り除く⁉　じっくり考えもせずにもっともらしい言葉を振り回すべきではない。スクルージは本当に嫌な奴だったろうか？　彼は、節約することが、人に多くのものを残すかどうかなど気にかけたことは一度もなかった。だが実際に人に多くのものを残すことになったのであり、結局はそれが重要なことなのだ。

スクルージは本当に「利己的」だったのだろうか？　とんでもない。彼は「ケチ」だっただけで「利己的」とはまったく違う。「利己主義」とは世界の「資源」の分け前を多く要求することであり「ケチ」は少なく要求することである。だから「利己的なケチ」というものは存在しないのだ。

ではスクルージは無慈悲な男だったろうか？　それはどちらとも言えない。「慈善」とは、他者が多くを持てるように自分の「消費」を少なくすることを意味する。だがスクルージは、すでに最小限の「消費」しかしていなかったため、それ以上の「慈善」はできないことになる。スクルージがもともと自分で食べるつもりがなかったとしたら、クラチット一家に与える食べ物はすべて、彼以外の誰かの分だったわけだ。

ゴールドラッシュの悲惨な失敗

一八四八年、サンフランシスコ近郊のサッターズミルで金《きん》が発見された。それから数年のあいだに、三〇万人に及ぶ「ゴールドラッシャー」たち（その多くが野望に燃えた青年だった）が、一攫千金を夢見て西部に押しかけた。アメリカ中で、四〇歳以下の成人男性が三〇〇万人しかいなかった時代の話である。

この青年たちは、金鉱を掘っているかぎり農場で働いたり食料品店を営んだり、事業を始めたりすることができなかったことになる。経済の流出を招いたという点で、カリフォルニアのゴールドラッシュは対外戦争に匹敵するものだった。

採金者の中には一財産を築いた者もいたが、社会に利益をもたらした者は皆無だった。せいぜい大量の金を採掘するだけのことで、しかも金にはほとんど何の社会的価値もない。どれほど飢えた子どもでも、金を食べることはできないのだから。金には生産的な用途はほとんどなく、たかだか金歯や装飾品になるぐらいのものなのだ。

大勢の生産力のある労働者を、非生産的な活動に赴かせることは、社会としては本当に愚かな行為である。たとえば一八歳の若者の半数をどこかの施設に集めて、四年ものあいだ、ずっとビールを飲んでフリスビーで遊んでいてもいい、と言うのと同じぐらい馬鹿げたことだ。

金持ちになるには二つの方法がある。自分で新たな富を生み出すか、誰かの富を取り上げるかのどちらかだ。金を採掘した人間は、ほとんど何の富も生み出さないにもかかわらず金持ちになる。では一体、誰の富を取り上げたのだろうか？　それはごくわずかずつではあるが金を所有する人全員から富を取り上げたのである。金の供給量を増やすことで、ごくわずかに金の価格を引き下げたのだ。そのわずかな価値の低下により、金塊や金のアクセサリーを所有する何百万という人数をかけた分が、この採金者の富の本当の出どころなのである。

金を採掘できなかった者は自分も何も得ないが、隣人に負担を負わせることもしない。しかし金を採掘した者は、富を得る代わりに、隣人たちの富を失わせる。社会的な見地からすると、どちらも悲惨な失敗と言えるだろう。

現代の私たちには、ゴールドラッシュの代わりに「テキサス・ホールデム」（ポーカーの一種で、アメリカのカジノではポピュラーなゲーム）がある。プレーヤーや観客が楽しんでいる分には無益ではないが、こちらもやはり儲かる可能性はあっても、社会的には無益な行為である。ポーカーも金鉱採掘と同じで、あなたが勝つためには誰かが負けなければならない。唯一の違いは、ポーカー・プレーヤーは他のプレーヤーを犠牲にして富を手に入れるが、採金者はいたるところにいる人々を食い物にしているということだ。

仮に人口の一〇％がフルタイムでポーカーに興じたとしたら、世界はかなり貧しい場所になってしまうだろう。しかし幸いなことに、それは起こりえない。ポーカー・プレーヤーは、並みの腕前では何の利益も得ることができないので、進んで職業にしようなどと思わないのだ。ところが採金者は、ライバルが二〇万人も押し寄せてでも来ないかぎり、並みの腕前でもかなりの成功をおさめることができる。こうしてゴールドラッシュが急速に広がるのに対し、「ポーカーラッシュ」には歯止めがかかる。しかし、そのどちらも社会にとっては災難であることには変わりない。

採掘者には課税を、守銭奴には助成を

鉱山に眠っている金は、金庫に置かれた金に似ている。どちらも、誰かが掘り出して使い始めるまでは無害なのである。

採掘は公害によく似ている。どちらももとは無害な物質を有害なものに変えてしまうからだ。そんな活動は阻止するのが賢明だろう。金の採掘など、二〇〇年前に重税をかけてこの世から葬り去ってしまえばよかったのだ。だが守銭奴（miser）は、採掘者（miner）の鏡像だと言える。採掘者が掘り出したものを、守銭奴はそのまますぐに地面に埋め戻そうとする。これはたとえ話のつもりだが、実際にそうしている場合もあるだろう。したがって採掘者に課税するならば、守銭奴には助成すべきなのである。

貯蓄は慈善行為であり、税制でも認められてしかるべきだ。慈善事業への寄付に税控除があるなら、ほんらい貯蓄にもあるべきだ。自分で稼いだのに使わないものは世の中に対する貢献であり、それは寄付しようと蓄えようと、まったく同じである。

そうは言っても、蓄えを使い果たすよう説得するお節介ものがやってこないともかぎらない。「個人退職勘定」（アメリカの確定拠出年金の一種）はそのためにこそ存在するのだ。あなたが貯蓄をするかぎりにおいて、つまりみずからの労働の成果を他者に享受させるかぎりにおいて、所得に対する課税を控除しましょうということなのだ。

偉大な芸術家ほど、自分の作品の真の意味に気づかないことがある。ディケンズは気づいていなかったかもしれないが『クリスマス・キャロル』で最も重要な教訓は、個人退職勘定の拠出額に制限はもうけるなということなのだ。これは、税制が貯蓄を奨励すべきだという他の理由、たとえば経済成長にとって有益であるなどということとは、まったく異なる観点である。

もしクリスマスが無私無欲の季節だと言うのならば、クリスマスを象徴する最高のシンボルは間違いなくエベニーザ・スクルージだろう。それも、心を改める前のスクルージだ。改める必要があるのは、守銭奴ではなく税制のほうなのである。

4 世界でいちばん美しいのは誰？

美しい人が儲ける理由

詩人のW・B・イェーツは言った。

「美しさがどれほど報われるものか、私は知っている」

しかし、そんなことなら現代の計量経済学者はもっと正確に知っている。学歴や経験が同じ人々の写真を並べたとき、審査員が「美しい」と評価する人々は、そうではない人より約五％も収入が多いのだ！

美しさが報われるということは、醜さが不利になるということである。醜い女性は「並み」の女性よりも五％、醜い男性は「並み」の男性より一〇％も収入が少ないことがわかっている。労働市場はぶさいくなことに対して、女性より男性のほうを厳しく罰するのだ。醜い女性は「労働市場」から完全に身を引いてしまう傾向があるため統計の数に入ってこない。実際に、最も醜い既婚女性（すなわちルックス的に最下層の六％に属する人々）は、それ以外の女性より求職率が八％も低いのである。

男性にいたっては、容姿が一生キャリアについてまわる。見栄えのいい男は働き口も多く、初任給も昇給率も高い。一方、女性の場合は美しさが昇給率の高さには結びつくものの、良い就職口と初任給には必ずしも影響しない。

だからと言って、醜い女性が楽だというわけではない。醜い女性は醜い男ほど「労働市場」で苦労しないかもしれないが、「結婚市場」では相当な苦戦を強いられているのだ。

最も醜い層の女性は、学業成績や所得能力といった基準ではかると、最下層に属する男としか結婚できない。もっともこれは容姿に比例しないようだ。非常に美しい女も、「結婚市場」ではごく平凡な結果に終わることが多いからである。男にとって結婚する相手の容姿はあまり関係ないようだ。

また、醜い男が苦労している「労働市場」で、太っていることから苦労するのは、とりわけ白人女性なのである。六五ポンド（約三〇キロ）の余分な体重は、白人女性の賃金を七％も減らしてしまう。あなたがかなり太った白人女性だとしたら、六五ポンド（約三〇キロ）の減量は、大卒の学歴一年分や、実務経験三年分に相当する利益をもたらすかもしれないのだ。男性や黒人女性については、体重と賃金のあいだにさしたる因果関係はない。

しかしこれだけでは、魅力的な容姿やスリムな体型が成功の原因になることの証明にはならないだろう。むしろその逆で、高給取りになれば質の良い化粧品や美容整形手術の費用も払えるようになる。プライドだって高くなるから、身だしなみや食生活にも気を配るようになるだろう。

だが、これらがもたらす効果は小さいと考えていい。第一に、いくらマーケティング担当者が力説しようと、化粧品にできることには限界がある。第二に、賃金と美しさの相関関係が最も顕著に見られるのは若い層、つまりは医療と美容整形に頼る必要があまりない層なのだ。

しかしまだ魅力的な容姿が成功への鍵となりうることを説明はできていない。ひょっとすると第三の因子、たとえば優秀な遺伝子や育ちの良さが、その両方をもたらすのではないだろうか。しかし、家庭環境という条件を同じにした場合でも、やはり美しさと成功のあいだの相関関係は成り立つので、これもまた信憑性が薄そうだ。

するとやはり、魅力的な容姿は実際に成功の原因なのかもしれない。そしてその根拠のいくつかは明らかになっている。

まず、高い報酬が約束されている職業（たとえばファッションモデルや恋愛ドラマの主役など）には、非常に美しい人しか就けないということがある。しかしそれでは、なぜハンサムな自動車整備士のほうが風采の上がらない自動車整備士よりも、あるいは美しい教師のほうがぶさいくな教師よりも稼ぎがいいのかを説明できない。

それとも雇用主が魅力的な従業員に対して「目の保養」になるから、プレミアムを払っているということだろうか？　それが事実だとしたら、あらゆる職種に均等に美男美女が配置されていていいはずだ。ところが実際は、客と接する機会の多い小売店やその他の職種に集中しているのである。近くのスーパーに出かけて、レジ係と倉庫で働く人の容姿を比べてみるといい。どうやら雇用主が魅力的な容姿の従業員を雇うのは、彼ら自身が満足するためというより、客を喜ばせるためのようである。

背の高い人が儲ける理由

美しいのもいいが、背が高ければなおいい!

身長が六フィート(約一八三センチ)あるとしたら、おそらくあなたの年収は、隣の部署の能力は同じで五フィート六インチ(約一六八センチ)しかない人の年収よりも六〇〇〇ドルほど多いと思われる。

一般に、学歴や経験が同じ場合、身長が一インチ(約二・五四センチ)高くなると、年収も約一〇〇〇ドル高くなる。つまり身長は賃金を決定する要素として、人種やジェンダーと同じぐらい重要なのだ。身長にプレミアムが付けられるのは、男性にかぎった話ではない。たとえば一卵性双生児の姉妹の場合(双子でも意外に身長が異なることがある)でも、背の高いほうがたくさん稼ぐことがわかっている。

身長は賃金ばかりか、指導的役割につけるかどうかにも関係してくる。

四二人の歴代アメリカ大統領のうち、平均身長より背が低かったのはわずか五人である。しかも、その最後の一人であるベンジャミン・ハリソンが就任したのは一八八八年のことだ。なお平均身長よりほんのわずかに低かった大統領は三人いるが、そのいちばん最近の例がジミー・カーターである。

ほとんどの大統領は、それぞれの時代の平均身長より数インチ(数センチ)高く、背の高い順に五人を挙げるとエイブラハム・リンカーン、リンドン・ジョンソン、ビル・クリントン、トーマス・ジェファソン、そしてフランクリン・ルーズベルトとなる。この顔ぶれをみると、背の高さは選挙に勝つことだけでなく、憲法をくつがえす傾向があることも予測できそうだ。この統計は、逆方向にもあてはまる。歴代アメリカ大統領の中で最も背が低かったジェームズ・マディソンは、憲法の大半を執筆した人物なのである。

ジャーナリストのマルコム・グラッドウェルは、ベストセラーとなった『第一感「最初の二秒」の「なんとなく」が正しい』（光文社、二〇〇六年）の中でこう言っている。

「人は、背が高い人を見ると恍惚となる」

言い換えれば、長身の人がそうでない人よりも多く稼ぐのは、彼らが優遇されているからだということになる。『第一感』はすばらしい本だが、この点についてはまったくの誤りである。優遇説はありえないのだ。

ペンシルヴァニア大学のエコノミストたちが、おもしろい証拠を見つけてくれた。それは、現在は背が高くても、高校時代に背が低かった男性の収入は背の低い男性並みである一方で、現在は背が低くても、高校時代に背が高かった男性の収入は背の高い男性並みであるということである。

これで、賃金格差の背景には身長による差別があるという説は消えただろう。何のために雇用主が従業員の昔の身長を優遇するのか想像もつかない。思春期に背の高かった少年が、早めに成長が止まってしまった場合でも、大人になってから高給を取るのだとしたら、雇用主が価値を見いだす何か他の特性があるからに違いない。たとえば「自尊心」というのはどうだろう。背の高い高校生は、早くから自分をリーダーだと自覚することを覚え、その考え方は成長が止まったあとも続く、ということはないだろうか？

思春期の「自尊心」がなぜそれほど重要な意味を持つのだろう。いちど身につけた「自尊心」は、生涯消えることはないということなのかもしれない。また、「自尊心」の高い子どものほうが、積極的にスポーツチームやクラブなどグループ活動に参加する傾向にあり、そこで人と交流する術を学ぶということもあるだろう。こうした集団への参加は、明らかに大切なことだ。ペンシルヴァニア大学のエコノミストたちはこう報告している。

「年齢、身長、地域、家庭環境という前提条件が同じ場合、スポーツチームに参加したことがあれば一一・四%、スポーツ以外のクラブ活動に参加していれば五・一%、大人になってからの賃金が増加すると考えられる」

この結果は、思春期の身長がもたらす賃金プレミアムを、すべてではないが説明してくれるものだろう。あるいはこの因果関係は逆かもしれない。「自尊心」があるからクラブに入部するのではなく、クラブで活躍することで自尊心がめばえるのかもしれない。わかっているのは、背の低い子どもたちは課外活動を敬遠する傾向があること、そしてこうした課外活動こそが、明らかにその後の人生の成功に関係するということだ。

知性も身長に比例する

リンカーンが奴隷を解放し、クリントンが大陪審に嘘をついたのは、高身長にものを言わせれば他者を意のままにできることを思春期に学んだからだろうか？　もしかするとそうかもしれない。だが身長とセットになっている利点は自信だけではない。知性もまたそうなのだ。

背の高い人のほうが、平均すれば頭がいい。それは各年代で行われている複数の研究が示す結果にあらわれている。未就学児でさえ背の高い子どものほうが、共通テストの点数が高い。このテストの質問が、「独立記念日のパレードで見たもの」に限定されてでもいないかぎり、背の高い子どものほうが賢いことを示していると言ってもいいだろう。

最近、二人のとても賢い（そしてそこそこ背が高い）プリンストン大学のエコノミストたちが、こうした身長と知能の関係が、身長と賃金の相関関係を完全に説明できるはずだと主張した。

だがもしすべては知能の問題だとしたら、なぜ大人になってからの身長よりも、思春期の身長のほうが賃金の予測に役立つのだろうか？　プリンストン大学のエコノミストたちは、思春期の身長のほうが知能の予測にも役立つからだという。頭のいい人は、背が高いだけでなく、成長も早くに始まるのだ。一六歳のときの身長は五フィート四インチ（約一六三センチ）だが、三三歳で六フィート（約一八三センチ）あるという人は、一六歳ですでに身長が六フィート（約一八三センチ）あり、その後は伸びていない人ほど賢くはないということになる。あなたの稼ぎが悪い理由はそれに尽きるかもしれない。

愛の軍備拡大競争

いい仕事も、いい結婚相手も、周囲の注目も、すべて美しい人たちがさらっていくものだから、美しくない私たちに回ってくるのは残りカスばかりだ。

たしかに美しい人は見ているぶんには気持ちがいい。とりわけ美しい人が「公共の川」に入ってくると、一種のアンビバレンスな気持ちを感じるかもしれない。究極的に、他人の美しさは、恵みにも災いにもなりうるのだ。

アーチーの便益とベティの費用を相殺すると、ヴェロニカの「美化計画」は「公共の川」を浄化するか汚染するかのどちらかである。もし浄化するのだとしたら、美を助成しようということになるだろう。たとえばそれは「広場でいちばん美しい人に現金を手渡す」といった直接的な方法もあれば、「化粧品や美容整形に減税を適用する」といった間接的な方法もあるだろう。だがもし汚染するのだとしたら、美、およびそれに磨きをかける製品には課税すべきだという話になるだろう。

助成か、あるいは課税か。

その答えは、男性が何にこだわるのか、あるいは女性が何にこだわるのか、またそもそも女性に個人差がどれほどあるのかということによっても変わってくる(この議論を進めるためには、いずれかのジェンダーに特定した例を引く必要がある。以降、男と女をすべて置き換えて読んでいただいてもかまわない)。

女性が容姿にこだわるのは、男性が自分を受け入れてくれそうな女性の中で、いちばんの美人を選ぶからだと仮定してみよう。

その場合、競争に勝つ見込みのない女性は、さっさとあきらめるのが得策だということになる。何をどうやってみてもヴェロニカのほうがパーティーで映えるということがわかっていたら、ベティが美容院で一日をつぶす意味があるだろうか？　ヴェロニカとの戦いに敗北を認めたベティには、自分を綺麗にしようと思うインセンティブがなくなった、ということになる。しかしそれでは、これからも彼女と顔を付き合わせていかなければならない人間にとっては困ったことになる。やはり、彼女のインセンティブを高めるために、美は助成すべきなのかもしれない。あるいは美しさに報酬を与えるのではなく、醜さを罰してもいい。

一九七〇年代、私がシカゴ大学に入学したときに読んだ校則に次のようなものがあった。「公共の場所での見苦しい、または人に不快感を与える格好を禁じる」というものである。でももし、この校則を厳密に適用していたら、シカゴから学生の姿が消えていたことだろう。

しかし、女性たちがお互いに相手に勝つ見込みがあると考えたとすると、それとは反対の問題が生じてくるだろう。ベティはヴェロニカを負かそうと、髪をセットする。ヴェロニカはベティを負かそうと、爪の手入れをしてもらう。ベティは美容整形手術を受ける。ヴェロニカは脂肪吸引手術を受ける……。最終的にこの「軍備拡大競争」に勝つのはどちらか一人なのに、その過程で多くの資源が消費されることになるのだ。このあいだずっと、ベティとヴェロニカはアーチーに（波及する）便益をもたらす一方で、お互いに（波及する）費用を負わせている。この費用と便益の大きさ次第で、最終的に美が少なすぎるか、多すぎるかのどちらかになるだろう。そこから美を助成すべきか、課税すべきか、という議論になるわけである。

ところで、すでにヴェロニカを選んでいるアーチーは、ベティに「美しくなってほしい」と思うのだろうか、それとも「醜くなってほしい」と思うのだろうか？　目の保養になる美人が増えることと、自分が最も美しい女を選んだのだと確信できることの、どちらのほうが重要なのだろう。

ベティの「美化計画」は、競争相手の女性にとっては費用であり、彼女の姿を見かける男性にとっては便益である。しかし、戦利品としての妻や恋人を見せびらかしたい男性にとっては費用になるかもしれない。しかしこんなに費用と便益が飛び交っていては、どう対処すればいいのか判断するのも難しいというものだ。

絶対的な富と相対的な富

「美」がこれほど破壊的な軍備拡大競争を煽るのだとしたら、おそらくは「富」と、それをひけらかす行為も同じだろう。この件に関する考察は、少なくとも「隣人と張り合う《キープ・アップ・ウィズ・ジョーンズ》」という言い回しと同じぐらい古いものである。もしすべての人間の目標が隣人よりも金持ちになるということだとしたら、美容院でのベティとヴェロニカのように、近所でいちばん稼ぐために、結果の見えない努力を続けながら身を粉にして働くことになるだろう。しかし、いったいそんなことはありうるだろうか？

ただ裕福になりたいのか、それとも隣人よりも裕福になりたいのか。

自分自身の富についてだけにこだわるなら「公共の川」の問題は起こらない。それぞれ自分でどれだけ熱心に働くかを決めて、その結果手に入れたもので生活すればいいのだから。だが序列の中の自分の位置を気にするとしたら、誰もが一生懸命働くことは、お互いの努力を打ち消し合うことになる。郊外の二軒の家の家主が、隣の庭に落ち葉を吹き飛ばすことと同じように。

また、相対的な富は、逆の方向に作用する可能性がある。つまり、私は近所でいちばん貧乏になりたいと思うかもしれないということだ。隣人が裕福であればあるほど、週末のラスベガス行きに誘ってもらえる可能性が高くなる。そして、彼がその富を派手にひけらかせばひけらかすほど、自分の家に泥棒が入る心配は少なくなるのだ。

ほとんどのエコノミストは、絶対的な富が絶対的に重要であり、相対的な地位や富は相対的に重要でないと頭から決めてかかっている。そして、エコノミスト以外の人間はそんな仮説を一蹴してきた。彼らの想像の中では、実質的な所得がはるかに高かったとしても、現代の公認会計士より、中世の貴族のほうが幸せに思えるからだ。しかし大切な細部を見落としているかもしれない。中世には疫病や孤立感、生活の単調さといったものがあったと考えられないだろうか。

ヘンリー・チューダーがイングランド王国を手に入れるために支払った価格と、ニキータ・フルシチョフがソビエト連邦の最高指導者の地位を賭けて支払った価格を比べてみたら、何かがわかるかもしれない。

相対的には、両者が獲得した「賞品」は似たようなものである。どちらも、高度に階層化された社会の最高権力者となったのだが、絶対的な意味ではフルシチョフの賞品のほうがはるかに大きい。いくら悲惨な状態だったとはいっても、ソビエト連邦の生産高は、チューダー朝イングランドの生産高をはるかに上回っていた。もし相対所得説が正しければ、二つの帝国の価値はほぼ同じだということになる。

もし絶対所得説が正しいのなら、フルシチョフはもっと支払う用意があったはずだし、おそらくはもっと大きなリスクを負わされるというかたちで、競争によって支払うことを余儀なくされていたはずだ。

この比較はしかし、ヘンリーとフルシチョフのリスクの比較が難しく、わかりにくいものになっている。たとえば、平均寿命が三五歳の時代に戦いで命を落とす確率が三〇%であるのと、平均寿命が六五歳の時代に強制収容所で死ぬ確率が二〇%であるのとでは、どちらのリスクが大きいだろうか。

現代の政治家を取り上げたほうが、いい出発点になるかもしれない。彼らの生活は、人が重きを置いている点につけ込むことによって成り立っているようなものなので、証拠は明らかだ。現職の政治家たちは、「経済は絶好調だ!」と豪語したがる。おそらくそれは、すべての船を高く上げてしまっているとしても、有権者は上げ潮を吉ととらえるからだろう。

では人々がそれほど相対的な富にこだわるのだとしたら、なぜ政治家は、絶対的な富のためにやったことを自慢するのに全精力を傾けるのだろうか?　人々が本当に相対的な富にこだわるのなら、現職の政治家は「私に清き一票を!　私が議員を務めてきたこの四年間は最悪でした!」と訴えて回るのではないだろうか。

もちろん、足を引っ張るような政治家を支持する人はいないと思うが、おそらく自分自身の進歩についてすでにある程度知っている人は、投票の際にそのことも計算に入れるはずである。政治家は、他のみんなの足を引っ張ったと公表することで、あなたにとってより魅力的な自分をアピールすることができる。だが、実際にはそんな選挙運動をする政治家などいないという事実が、相対的な地位が重要だという説に対する反証ではないだろうか（*なお、本章が書かれたのはバラク・オバマの就任以前）。

相対的な富が非常に重要であるという主張を疑うもう一つの根拠は、余暇やリスクに関しては、同様の理論に誰も同意しないことだ。絶対的な休暇の長さと隣人よりも休暇が長いことだと、どちらにこだわるだろう。大切なのは自分の車のエアバッグの機能が優れていることなのか、それとも近所でいちばんのエアバッグを持っていることなのか。もちろんどちらも答えは前者であるはずだ。もし余暇やリスクに対してそう思うのなら、なぜ所得に対しても同じように思わないのだろうか？

貴族社会を維持する方法

コーネル大学のロバート・フランクは、それでもやはり相対的な富こそ重要であると考えるエコノミストの一人である。フランクがそれに関する議論を展開した『Luxury Fever』（未邦訳）はまったく説得力に欠ける本だが、感心するような経済学的推論も多数見られる。

たとえば、次のような見解など最高だ。

「人が職場における相対的な地位を気にしているならば、仕事のできる社員にとって、仕事のできない同僚は祝福すべき存在であり、仕事のできない社員にとって、仕事のできる同僚は忌むべき存在である。ゆえに、仕事のできない社員にはより多くの賃金を支払うべきであり（そうしなければ会社に居つかない）、最も仕事ができる社員には少ない賃金を支払うべきである（なぜなら、彼らはすでに所得の一部を地位というかたちで受け取っているからだ）」

この考察は、明らかな誤りである。

私の知るかぎり、社員の採用を決める際には、「この人物は我が社の水準を上げてくれるだろうか」という点を中心に考えるものである。「他の社員が優秀に見えるだろう」などという基準で採用を検討する担当者の話など、いまだかつて聞いたこともない。

同じ問題について、ロバート・フランクとはまるで異なる結論にたどりついた研究者がいる。中でも、ハル・コール、ジョージ・マイラス、そしてアンドリュー・ポスルウェイトの三人の共同執筆による論文は、私のお気に入りだ（以降、三人の名字のイニシャルをとって、CMPとする）。

フランク教授同様、CMPも人は相対的地位を気にするものだと仮定する。それだけでなく、なぜそうなのかについて理路整然とした物語を繰り広げようとする。「相対的に高い地位は、より優れた結婚相手を引きつける」というのがその理由だ。そして彼らは入念に、論理的に、詳しく、そういう世界の生活がどういうものかを解明していく。

CMPが気づいたことの一つに、結婚相手をめぐる競争は、ほとんどの人を過剰な貯蓄に駆り立てる、という点がある。若者たちは、自分の将来展望を明るいものにしようと過剰に貯蓄し、高齢者たちは、自分の子どもたちの将来展望を明るいものにしようとして過剰に貯蓄する。すべての人が貯蓄する額を少し減らすようになれば、誰もが今より豊かになるはずだ。結婚ゲームの相対的な成績は変わらないかもしれないが、使える金の額は増えるのだから。それでも、過剰貯蓄は特定の世代にとっては費用であるかもしれないが、未来の世代を豊かにするものではある。

貯蓄額で競争するとき、金持ちは有利なスタートを切ることになる。するとやがて所得の不均衡が大きくなるだろう、とCMPは指摘する。だがこの不均衡が大きくなりすぎると、人々は相対的地位を上げようという望みを持たなくなり、そうなると過剰貯蓄へのインセンティブもなくなり、不均衡も縮小することになる。

たとえば、結婚の対象となる人間が、相手の富ばかりか世襲される地位にもこだわる貴族社会というものを想像してほしい。まず気づくのは、そのような貴族社会は維持するのが難しいということだ。仮に十分な数の裕福だが地位の低い男が、貧乏だが地位の高い女と結婚したとしたら、最終的には社会の構造全体が崩れるだろう。貧しく地位の低い家系でも何世代にもわたってせっせと貯蓄をし、貴族の地位を金で買えるようなことになれば、崩壊はまぬがれない事態となる。

しかしCMPは、貴族社会が永久に継続するための方法を発見した。高い地位と低い地位という異なる階級のあいだの結婚で生まれた子どもは、最下位に格下げされることにする。すると、そうした結婚をうまく抑止できるというのである。そして地位の低い男が社会の壁を破壊したいと思い、しかもこの男が子孫を大切に思っていたとしたら、自分自身と子どもたちのために、地位の高い結婚相手を買えるだけの蓄えをしないといけないことになる。だがCMPによると、それを可能にするためには、反逆者たちはありえないほどの高い貯蓄率を達成する必要があり、ゆえに貴族社会は継続するというのだ。

文化的規範が経済におよぼす影響

ここに北スロボヴィアと南スロボヴィアという二つの社会があるとしよう。両者は人口も同じ、テクノロジーの進歩の度合いも同じである。また住民たちは、あらゆる点においてまったく同じ嗜好を持っている。違うのは、北スロボヴィアでは結婚相手を「富」で引きつけ、南スロボヴィアでは世襲される「地位」で引きつける伝統だ。

二つの社会の生活水準の格差は、時間とともに劇的に広がっていく。なぜなら、北スロボヴィアと南スロボヴィアでは貯蓄に対するインセンティブがまるで違うからだ。貯蓄こそ、経済成長を推進する二つの原動力のうちの一つなのである。時間とともに北スロボヴィアは豊かになるが、南スロボヴィアは貧しさから抜け出せない。

この物語は、文化的規範が人々の生活様式に大きな影響を与えるということを教えてくれるだろう。もちろん、そんなことはエコノミスト以外の人間なら、初めからわかっていることだ。それでもCMPの研究は、誰も知らなかった純粋に新しい事実を示している。つまり、文化的規範は経済成長に大きな影響を与えうるということだ。さらに、地位が家系ではなく、学力や、体力や、肌の色や、身長や、美しさによって決定される社会を想像することもできるだろう。間違いなく、そのどの社会もまったく異なる進化のかたちをとるはずだ。

だが、そもそもその違いはどこからくるのだろうか。

ＣＭＰによると、いったん確立されればそれがまったくの偶然の理由からだとしても、文化的規範は勝手に継続するからだという。理想を言えば、この「まったくの偶然の理由」に対する筋の通った説明がほしいところだが、そのことについてどう考えればいいのかわかっている人がいるとは、私には思えない。

5　ショッピングカートの謎

カートが徐々に大きくなる理由

この三〇年間、ずっと安定した成長をみせている経済変数がひとつだけある。それは「ショッピングカートの大きさ」である。

食料品店の経営者によると、今日の平均的なカートの大きさは、一九七五年の三倍だそうだ。この事実が注目に値するのは、一九七五年より前からショッピングカートの成長は始まっていたし、そのことにエコノミストは気づいていたからだ。

そのことに最初に気づいたのはラルフ・ネイダーで、彼はそれを破廉恥な資本家に消費者が操られている例の最たるものだと主張した。

ネイダーによると、大きなカートが作られるのは、そこに商品が少ししか入っていないと恥ずかしいと消費者に思わせてたくさんの商品を買わせるためだ、というのだ。

人は「半分しか埋まっていないカートを押してレジに並ぶところを近所の人に見られたら恥ずかしい

と感じる」などという怪しげな推測を受け入れたとしても、ネイだーの主張には根本的な論理が欠けている。なぜカートが大きいかを説明しているだけで、なぜカートが大きくなっているかの説明になっていないのだ。

もし抜け目のない食料品店主が、大きなカートが大量の買い物に結びつくことに気づいたのだとしたら、カートのサイズは徐々にではなく、一気に大きくなったのではないだろうか。

ネイダー説は、発表された直後からシカゴ大学経済学部の試験問題に登場するようになった。しかし、多くの場合、次のような設問とセットになっていたのである。

「ネイダー氏がなぜ正しくないのか理由を述べて、代わりに正しいと言える説明を考えなさい」

教授たちが期待しているのは次のような解答である。

「最近まで（または当時の「最近」まで）、ほとんどの世帯には、専業とする仕事の中に毎週の買い物が含まれる一員（通常、「主婦」と呼ばれる）が存在した。しかし、女性たちが労働力に加わることで、買い物に出かける回数が減ったために、消費者は一回の買い物で多くの品物を買うようになった」

斬新で独創的な答えの数々

試験問題は同じなのに、答えは毎年違うことに気づいた大学院生にまつわる古いジョークがある。この「ショッピングカート問題」が伝説になるにつれ、学生たちは斬新で独創的な答えを競い合うようになったのである。

例その一。人々は三〇年前よりずっと豊かになったので、広々とした売り場で買い物をする贅沢を惜しまないようになった。売り場が広くなったのなら、カートも大きくすればいい、という理屈である（実はこれは学生ではなく私の父が出した答えである）。

例その二。三〇年前と比べると住宅がずっと大きくなった。つまり食品を保存するスペースも広くなり、一回の買い物でたくさんの食品が買えるようになった。

例その三。以前より豊かになったので、毎食のおかずの種類が増えた。あるいは、以前より忙しくなったので、家族そろってではなく別々に食事をとるようなり、一世帯当たりの一日の食事の回数が増えた（これについてはその逆も言えるだろう。多忙な家族は外食をする傾向が強くなるはずだ）。

例その四。技術の進歩により、家族それぞれが簡単に自分の好きなものを食べることができるようになった。冷凍食品はどんどん美味しくなっているので、かつてひとつのミートローフを分け合って食べていた五人家族も、今では五種類の冷凍ディナーを食べるようになったのではないか。

例その五。クレジットカードを手にした現代人は、現金に縛られた昔の人よりも一度にたくさんの買い物ができる（これはいい答えだが、クレジットカードは逆の効果をもたらすとも考えられる。昔は、食料品店に行く前にまず銀行に寄る必要があった。それでは非効率なので、回数をなるべく減らそうということで、結果的に一度にたくさんの現金を引き出して、それ相応の買い物をすることになる）。

ショッピングカートの製造会社に電話をして、どういう理由かを尋ねることもできるが、大した収穫があるとは思えない。製造する側も顧客が大きなカートを求めていることは把握していても、なぜそうなのかを知る必要はないのだから。

カートは昔より頑丈になった?

『ストレート』誌のコラムで、このショッピングカートの大いなる謎に言及したところ、たくさんの楽しいメールを頂戴した。

読者のスーザン・プロヴァンは、「シングルマザーが増えたため、カートに子どもを乗せるスペースが必要になったからだ」と主張した。そしてかなりの人が指摘したのが、今日のスーパーマーケットには、テレビやDVDプレーヤーといった、食料品以外の商品がおいてあるということだ。おそらく現代の働く女性には、何軒かの店で別々に買い物をする時間はないということだろう。

また、現代の買い物客は自家用車、それも買い物をたくさん積めるSUV車やミニバンで来店することが多いと指摘する読者もいた。この点については、パメラ・ナダッシュとD・グレッグ・ドイルがとりわけ示唆に富むメールを送ってくれた。

ドイル氏によると、「車が増えると、広い駐車場が必要になる。広い駐車場を設けるために、食料品店は土地の安い郊外に店を構えるようになる。店が遠くなれば、行き帰りに時間がかかる。時間がかかれば、なるべく買いだめをして買い物の回数を減らすようになるだろう」というのだ。

だが「最優秀メール賞」は一一個もの仮説を送ってくれたケヴィン・ポステルウェイトに進呈したい。その一部をご紹介しよう。

ショッピングカートは昔より頑丈になり、盗みにくくなったのではないか。つまり大きいカートは、店にとって結果的にいい投資になっているのかもしれない。

人は豊かになったから、昔よりたくさんの食品を捨てるようになったのかもしれない。

あるいは、やはり豊かになったから、買わなくてもいいものの代わりに別のものを買うようになったのかもしれない（水道水の代わりのソーダ水やジュース類、再利用できる布おむつの代わりに紙おむつ、といった具合に）。

バーコードのシステムと何か関係があるのかもしれない。

昔の人は子どもを買い物に連れていって複数のカートを押してもらっていたのではないか。しかし今の子どもたちは託児所に預けられているので、一人になった親には一台の巨大なカートが必要なのかもしれない。

このようにしてスーザン・プロヴァンの説（大きなカートが必要になったのは、連れている子どもの数が多いから）と、ケヴィン・ポステルウェイトの説（大きなカートが必要になったのは、連れている子どもが少ないから）が交じわったわけである。

ここに挙げた説の多くは正しいかもしれない。しかし同時に、その多くが誤っていると指摘することもできる。忘れてならないのは、ここで解明しようとしていることが、なぜショッピングカートが大きいのかではなく、なぜ大きくなったのかだということだ。

大きなカートの利点（バッグや子どもの買い出し品のためのスペース）を挙げた理屈も、なぜ、一九七〇年代より今年のほうがその余分なスペースに値打ちがあるのかの説明ができていないのである。

誤った理屈を見分ける技術はきわめて重要である。ガソリンの価格についてのたわごとが、とてもいい例だ。

ガソリン価格が上昇すると、経済に無知な人はすぐに、石油会社の共謀や独占力の証拠を見つけようとする。実際には、価格の上昇はそれとは正反対の証拠なのである。共謀者も独占者も、価格を引き上げるのに需要と供給の変化を待つ必要はないのだ。彼らは一年中、私たちからぎりぎりまで搾り取っている。むろんそれは、需要と供給に変化があったほうが彼らもやりやすくなるのだろうから、やはり価格は変動する。しかしそれは相対的にわずかなことである。

独占者には、常に価格に敏感な顧客がついている。なぜなら価格に敏感でなければ、敏感になるまで独占者が価格をつり上げていくからだ。したがって、たとえ市況が変化したとしても、独占者はむしろ価格をあまりつりあげることができない。大きな価格変動は競争の証拠なのだ。

今度、夏にガソリンが高いのは石油会社の共謀のせいに違いないと言う人がいたら、冬のあいだ安いのはなぜかと聞いてみるといい。正しい答えは、競争によって抑えられていたからだということになる。

人々がこの問題を見誤るのは、高い価格と上昇する価格の違いを混同するからである。ちょうどラルフ・ネイダーや学生たちが、「大きな」ショッピングカートと「大きくなっている」ショッピングカートの違いを混同したように。学生たちにはのちのち独占価格についてばかげたことを言わないように、このカートの問題についてじっくり考えてもらうことにしている。

カートを押す人がデカくなった？

大きくなったのはショッピングカートだけではない。それを押す人間もまた同じである。ここでは、ジョージア州の人々を例に引いてみることにしよう。

ジョージア州は、コーンブレッド、バーベキュー、そして大勢の本当に太った人々の故郷である。正確に言うと、州の人口の二一・一％が肥満である。一〇年前も、コーンブレッドとバーベキューとピーチパイは今と変わらず美味だったが、太ったジョージア人は九・五％にすぎなかった。いったい何が変わったのだろうか？

何が変わったにせよ、変化はいたるところで起こっている。ご存じのとおり肥満は、年齢層、人種、性別、そして地域を問わず、あらゆるところで急増している。国内で最も肥満人口が多いのは、依然として南部地方である。肥満率の高い州の上位五位のうち四つまでが、メイソン＝ディクソン線（メリーランド州とペンシルヴァニア州との境界線。アメリカの南部と北部の象徴的な境界とされる）以南に位置するのだ。

だが近年の目を見張るほどの肥満率の上昇は全国的なもので、その一位はジョージア州だが、それに続くのはニューメキシコ州、ヴァージニア州、カリフォルニア州、そしてヴァーモント州である。一九九一年、国民の約一二％強が肥満だったのが、その八年後にはほぼ二〇％に達したのだ。

あなたもその数字に一役買っているかどうかを調べるには、まず身長をインチに換算し、それを二乗した値の四・二五%を割り出せばいい。もし体重がそれより多ければ、あなたは肥満ということになる。単に太りすぎかどうかを知りたければ、四・二五%ではなく三・五%で計算すればいい。

ここ一〇年かそこらでいったい何が変わったのだろうか?

変わったもののひとつに、マクドナルドの一人前の量がある。一九七〇年当時のマクドナルドには、フライドポテトのサイズは一種類しかなかった。現在「スモール」と呼ばれているサイズである。その後「ラージ」サイズのポテトが発売されたが、それは現在「ミディアム」と呼ばれている。今ではかつての「ラージ」よりも大きい、新「ラージ」サイズがあるわけだが、少なくとも最近まではそれで我慢する必要はなかった。いつだって「スーパーサイズ」にしてもらうことで、ラージの上を行くことができたのだ。

では私たちが太ったのは、たくさん食べているからなのか? そう簡単なことではない。サイズが大きくなったからといって、必ずしも食べる量が増えたことにはならないのだ。小さいサイズしかなかった時代には、一人で二つ買って二つとも食べる場合があっただろう。巨大なサイズが登場した今なら、スーパーサイズを一つ買って、家族で分けることもできるわけだ。どれぐらいの人がそうしているのか? それは誰にもわからない。

仮に実際に食べるフライドポテトの量が増えているとしても、「チキンフィレオが先か? エッグマックマフィンが先か?」という問題は残るのだ。

大量の食事が肥満の原因なのか、それとも太っているから大量に食べるのか。

マクドナルドは、気まぐれに私たちを太らせようと思いついたのか、それとも市場調査を通して、体が大きくなった顧客が大きなサイズを求めたのか。

私は後者に賭ける。何と言っても、マクドナルドは一九七〇年も今と変わらず貪欲であったはずだし、当時私たちがスーパーサイズを求めていたら、おそらく手に入れていただろう。

したがって、少し前はそうではなかったのに、なぜ今は太るにまかせているのかという問題は依然として残る。

ビル・ゲイツが私たちを太らせた?

他に何が変わっただろうか?

一〇年前には、売店まで、あるいは少なくとも郵便受けまで歩いていかなければ、地元の新聞さえ読むことができなかった。今日では、仕事をしたりチャットをしたり、ショッピングを済ませたりするその同じ椅子に座ったまま、世界中の主要な新聞を読むことができるのだ。

では、ビル・ゲイツが私たちを太らせたのだろうか?

事実は、その逆を示している。コンピュータ所有率の低い州では肥満率が高い傾向にあり、それは収入という条件を同じにした場合でも変わらないのだ。さらに、コンピュータ所有率の伸びが最も低迷している州では、肥満率の伸びは最も高い傾向にある。つまりコンピュータは「悪魔の道具」ではないという証拠である。

それどころか、コンピュータがあまりに魅力的なので食べるのも忘れて没頭してしまったり、システムがクラッシュした怒りで、カロリーを消費しているからだろう。

喫煙習慣はどうだろうか。

最近では多くの人がタバコをやめているが、それで太ったのかもしれない。しかし数字はそうではないと伝えている。たしかに九〇年代に喫煙率が下がった二五州で、肥満率は五五％上昇している。だが喫煙率が上がった二五州でも、肥満率は五九％ともっと高い伸び率を示しているのだ。喫煙率がどこよりも上がったミネソタ州は、肥満の上昇率では三八位である。新たに吸い始めた人がアメリカ一多いニューメキシコ州は、肥満の上昇率でも二位にランクインしている。

では他に何が変化しているのだろうか？

収入も増加しているが、それはどちらの方向にも影響する。豊かになるにしたがって、多くの食品が買えるようになった。しかし同時に、質の良い食品や高級なスポーツクラブを選べるようにもなっている。最終的に、収入の変化と肥満率の変化のあいだには、統計学的にとくに重要な「相関関係」は、どちらの方向にもみられないのだ。

肥満は健康に悪くなくなった？

あとは何が変わっただろうか？

肥満を蔓延させるきっかけとなった何かが、一九九〇年代の初頭に起こったのだろうか？

ラッシュ・リンボー（アメリカの保守派のラジオパーソナリティー）の登場で、肥満がスタイリッシュなことにでもなったのだろうか？　「米国障害者法」のおかげで、労働市場における肥満が以前ほど障害にならなくなったのだろうか？

九〇年代は、プラバコールやリピトールといった、劇的にコレステロール値を下げたり、寿命を延ばしたりする奇跡の薬の登場をみた時代だった。そうした医学の進歩を目の当たりにしながら、どうして痩せている必要があるだろうか？

もちろん、肥満が健康に悪いことに変わりはない。だが、以前ほど悪くはなくなったのだ。健康上のリスクによって測られる肥満の価格が下がったため、合理的な消費者はそれを以前より多く求めるようになったのかもしれない。

「ヒトゲノム計画」の成功によって、さらにすばらしい進歩の兆しが見えているが、それは肥満がさらにお買い得になったことを意味している。今日、拡大を続けるウエストラインは、いつか心臓病に打ち勝つ進歩があるだろうという期待を反映しているだけかもしれないのだ。

「ベン＆ジェリー」のアイスクリームを毎晩ひと口食べて、一〇ポンド（約四・五キロ）体重が増えるとすれば、食べるのをやめようとするかもしれない。だが低脂肪アイスクリームを毎晩ひと口食べて五ポンド（約二・二五キロ）体重が増えるとしたら、それは目をつぶってもいいトレードオフかもしれない。

したがって、低脂肪アイスクリームが市場に出回ることで、どこから見ても合理的な人が、太ってもいい、と思うかもしれないのだ。むろん、低脂肪アイスクリームで痩せようとする、やはりどこから見ても合理的な人もいる。つまり低脂肪食品は、全体的な肥満率の上昇と低下のいずれにも影響しうるということだ。

以上が私の考える仮説である。

肥満の蔓延は、医学の進歩と低脂肪食品が組み合わされることによって引き起こされた。これが正しいという確信はないが、マクドナルドを責めるよりはずっと理にかなっている。

失業率が高まると持ち家が増える

ここにひとつの奇妙な事実がある。

先進国では、失業率と住宅保有率が足並みを揃えているということだ。

国民の約四分の一が自分の家を所有しているスイスの失業率は、わずか二・九％である。だが住宅保有率がその三倍のスペインでは、失業率も一八・一％という驚異的な数字を示す。そしてポルトガルの住宅保有率はちょうどスイスとスペインのあいだぐらいだが、失業率は低めの中間の四・一％である。

このパターンは、国単位で比較しても、それより小さな地域単位で比較しても同様に見られる。また、特定の時期を取り上げても、何十年というスパンで見ても、やはり同じ傾向が現れるのだ。

持ち家に住んでいる率が一〇％高くなると、失業率は二％高くなる。これは、世界の失業のかなりの部分を占めることになる。

この事実に最初に注目したワーウィック大学のアンドリュー・オズワルド教授は、「住宅を所有すれば地理的に拘束されることになり、それが失業の原因となる」と主張する。家を所有している失業者は、自宅から通勤可能な範囲で仕事を探そうとするが、借家住まいの失業者はどこでも仕事のある場所に引っ越すことができる。

この理屈は検証可能だ。なぜなら、住宅保有者は何度も失業を繰り返すのではなく、長期間失業の状態にあるものと予測しているからだ。そして実際に、ここ数十年のあいだに住宅保有率が上昇するしたがって、失業状態にある時間は増加し、失業の回数は変化していないのである。

だがこの「因果関係」は逆に働いているかもしれない。失業が住宅保有率を高めているのかもしれない。不遜な同僚のマイク・ビルズは、「職を失うと家で過ごす時間が長くなるから、いい家が欲しくなるのだ」と主張する。それよりも「仕事の口がなくなれば借家人は出て行き、結果的にその地域には住宅保有者だけが残る」という考えのほうが妥当ではないだろうか。見方を変えれば、景気のいい地域にはよそから新しい人たちが集まってきて、しばらくそこで部屋を借りるということである。

あるいは住宅を所有することと失業のあいだには何の「因果関係」もなく、どちらもクリスマスのころに現れるヤドリギとエッグノッグのようなものかもしれない。しかしクリスマスの役目を果たす、住宅所有と失業をもたらす背景の力は何なのだろうか?

最も可能性が高いのは「年齢」と「豊かさ」だろう。どちらも住宅保有率と長期の失業の確立を高めるものである。つまりは、若くて貧しい人のほうが、職探しに熱が入るというものなのだ。

引っ越しをした子どもの成績が悪くなる理由

皮肉っぽい同僚のアラン・ストックマンは、規制当局の姿勢を指摘する。ストックマンによると、規制当局が迷走を始めると、賃貸市場も求人市場も、どちらも混乱させる傾向があるという。

賃貸アパートがとんでもなく高いニューヨークの住宅市場を考えてみよう。その原因は主に、ニューヨークの不動産法によって、たちの悪い借家人を立ち退かせることが不可能に近くなったため、家主が見ず知らずの人に部屋を貸すことに用心深くなっているという点にある。同様の労働法のせいで、できの悪い従業員を解雇しにくくなったため、雇用主は人を雇うことに慎重になっているのだ。

オズワルド説が正しいとすれば、世界の失業の大部分は、住宅を所有することがもたらしていることになる。ほとんどの西洋諸国では政府が住宅所有を助成しているが、その事実におもしろい色を添える話である。

だからと言って、けっして自分の家を持つことがいけないというわけではない。安定した住居を構えるためなら、失業など些細な代償かもしれないのだから。とくに子どもがからむ場合はなおさらである。学齢期（六〜一五歳）に引っ越しをした子どもは、高校を卒業する確率が一六％低下し、二四歳の時点で、学校に行かず仕事にも就かないという「経済活動をしない」確率は一〇％上昇することがわかっている。さらに女子の場合は、未婚の母にならずに一〇代を終える確率が六％低下する。

しかしこれもまた理由はわからない。この統計を発表した社会学者のロバート・ハーヴェマンとバーバラ・ウルフによると、収入や人種、宗教、家族の規模、障害の有無、そして母親の就労状態などの条件を同じにした場合でも、やはり同様の結果が生じることがわかったという。つまり、「引っ越しをする家庭は貧しい場合が多く、貧しい子どもたちは落ちこぼれる傾向がある」などと、単純な説明でこの事実を片づけることはできないということだ。これでは、引っ越しが悪い結果をもたらすと結論づけるにはほど遠い。

しかし、それなら真相はどういうことなのだろう。

なぜ、引っ越しをした子どもの成績が悪いのか。なぜ、住宅を持つ人は失業している可能性が高いのか。なぜ、私たちは太り続けるのか。そしてなぜ、ショッピングカートはあんなにでかいのか。私には、その理由はいずれもよくわからない。原因と結果を知るのは簡単なことではない。しかし、それは必ずしも不可能ではないのである。

6　まいったね！　女の子だよ

母になるのも高くつく

「女というのは大変な仕事だ。その大部分は男を相手にすることなのだから」

イギリスの作家、ジョセフ・コンラッドの言葉である。

女の「大変さ」の中には、家庭とキャリアのあいだに横たわる「トレードオフ」の問題も含まれるだろう。ヴァージニア大学の若きエコノミスト、アマリア・ミラーは、女性にとっての「トレードオフ」について真剣に考えた。

ミラーによると、平均して、二〇代の女性が第一子の出産を一年遅らせると、生涯賃金は一〇％増加する。その理由は、その後の生涯にわたって賃金が約三％高くなるということもあるが、長時間働くことになるからでもある。大卒の女性の場合、その数字はさらに大きくなり、専門職の女性ともなるとそれよりさらに大きくなる。

つまり、二五歳ではなく二四歳で第一子を出産したら、生涯賃金の一〇％を失うことになるのだ。賃金の打撃は二回に分かれてやってくる。まずその場で賃金が下がり、その後は低い昇給率が退職するその日まで続くのである。

したがって、一〇歳の子どもがいる三四歳の女性は、それ以外の条件はまったく同じでも、九歳の子どもがいる三四歳の女性に比べると、（平均して）基本給が少ないうえに、昇給率も低いことになる。こうした影響は「家族休暇制度」が施行されても一向に軽減されないのだ。

ミラー教授はどのような方法でこんな結果を導き出したのだろうか？

単に異なる年齢で出産した女性の賃金を比較しただけでは何にもならない。二四歳で出産した女性と二五歳で出産した女性は、まったく異なるタイプの人間かもしれないし、まさにその違いが二人の将来の賃金に影響を与えるかもしれないからだ。たとえば二四歳の女性のほうが、上昇志向が弱いかもしれないし、この二四歳の女性が早く母親になることを決断したのは、自分のキャリアに先が見えたからかもしれないのだから。

流産実験と避妊実験と妊娠希望実験

そこでミラー教授は、任意の二四歳と二五歳の母親を比較するのではなく、「二四歳の母親」と、「二四歳のときに流産をした二五歳の母親」を比較したのだ。

ここで二種類の女性のグループができる。全員が妊娠に関しては同じ決断を下したが、そのうちの一部は偶然の仕業によって第一子の出産が遅れたのだ。このほうが公平な比較であり、ここで一〇％の賃金差が確認された。しかしこの比較もまだ完全とは言えない。もしかしたら、たとえば健康上の問題のように、流産と低賃金の原因は同じかもしれない。

そこでミラー教授は、統計上の第二次実験とでもいうべきものを遂行した。「二五歳の母親」と、「避妊していたのに妊娠した二四歳の母親」を比較したのだ。

ここでも二種類の女性のグループができる。全員が二四歳で出産はしたくなかったが、そのうちの一部は偶然によって妊娠した。ある種の「制御実験」のようなものである。やはりこの実験でもまだ不完全である。避妊中に妊娠するというのは不注意の現れかもしれないし、職場での不注意はマイナスになる……。

そういうわけで今度は、「二三歳のときから妊娠したいと思っていた女性」を対象にした。そのうちの一部は二四歳で、他は二五歳で望みを叶えたわけだ。彼女たちの出産が任意であるかぎり（あるいは少なくとも、賃金にも影響を与えるような何かが原因ではないかぎり）、これで三つ目の「制御実験」が成立したことになる。

「流産実験」と「避妊実験」と「妊娠希望実験」。三つの実験はいずれも完璧のものではない。しかし、そのどれもが同じ結論を示している。三つの不完全な実験は、一つの完全な実験には及ばないが、同じ結果が出た以上、その結果はある程度信用できると考えていいだろう。その結果とは「早く母親になることが、低賃金との相関があるだけでなく、実際にその原因となる」ということである。

これが優れた実証経済学というものの姿である。

すなわち、「相関関係」と「因果関係」を区別するための、思慮に富んだ創造的な方法を見つけるということだ。

幸せな結婚生活を破綻に導くもの

「おめでとうございます！　女の子ですよ」

結婚生活をずっと維持していきたい夫婦にとって、これにまさるほど耳にしたくない言葉ない。世界中どこでも、男の子は結婚生活を守ってくれるが、女の子は破綻させている。

アメリカでは、娘が一人いる人は息子が一人の人よりも、五％近く離婚する確率が高い。娘の数が多いほどその影響が大きくなり、三人の娘を持つ親の離婚率は、三人の息子の親よりもおよそ一〇％高くなる。メキシコやコロンビアではその差はもっと大きく、ケニアではさらに差が広がる。そしてベトナムにいたってはとんでもない数字が出ている。娘一人の親は、息子一人の親よりも離婚率が二五％も高いのだ。

エコノミストのゴードン・ダールとエンリコ・モレッティは、三〇〇万人以上を対象とした調査結果からこれらの数字を割り出した。もちろん、「相関関係」が必ずしも「因果関係」を示すわけではないが、この場合の根拠を示してみることにしよう。

三〇〇万人にコインを投げてもらい、出た面が表か裏かで二つのグループに分けたとする。二つのグループは統計的にはまったく同等で、平均年収、平均的な知能、平均身長のすべてが同じだ。これは「大である。

さて今度はその三〇〇万人を、いちばん下の子どもが男か女かで二つのグループに分けてみたらどうなるだろうか。結果は同じで、男の子の親と女の子の親は、統計的には同等である。なぜなら、やはりサンプル数が膨大であり、子どもの性別もコイン投げと同じように無作為であるからだ。二つのグループの経済的ストレス、心の距離、そして不貞の発生率の平均値は同じである。すると離婚率の違いを説明する要素で残っているのは、子どもの性別だけということになる。

性別で分けた場合の比率は、コイン投げとは違ってきっちり五〇%ずつになるわけではないが（産まれてくる子どもの約五一%は男の子である）、それは問題ではない。どちらも巨大なグループの一方が、ほんの少し片方よりも大きいだけなのだ。二つのグループが統計的に等しいことに変わりはない。

つまりこの場合、性別を無作為だとしたことが間違いと言うのならともかく、「相関関係」はまさに「因果関係」を示している。しかしなぜなのだろうか？　なぜ不幸な結婚をした人たちには、圧倒的に女の子どもが多いのだろうか？

もしかしたら何らかの第三因子が、幸せな結婚と子どもの性別に同時に影響しているのかもしれない。では、その第三因子とはいったい何だろう。

地位の高い親に息子が多い理由

まず考えられるのは社会的地位である。

歴代のアメリカ合衆国大統領の子どもを合計すると、息子の数が娘の約一・五倍になる（九五対六三）。さらに際立っているのは、『紳士録』に掲載されている名士の子どもも、娘より息子のほうが約一五％多いという事実である（後者の統計に関しては、生物学者のロビン・ベイカーの著書『精子戦争』〈河出書房新社、一九九七年〉に掲載されたデータから引いた）。

なぜ、社会的地位の高い親には息子が多いのだろうか？　おそらくは、高い地位にある息子のほうが孫をたくさん作ってくれるからではないだろうか。ベイカーはたとえば、八八八人の子どもをもうけた昔のモロッコの皇帝を引き合いに出している。娘が産む孫の数は、平均的である可能性が高い。その反面、地位の低い男の子は、地位の低い女の子よりも、子どもを持たずに死ぬ確率が高い（平均すれば、男の子も女の子も同じ数の子孫がいるはずである。なぜなら、それぞれの子どもには一人の母親と一人の父親がいるのだから。だが、女の子が平均値に近いところに集中するのに対し、男の子は両極端に分かれるのだ）。

したがって、もし孫がたくさん欲しいと思ったら（あなたがどう思おうと、あなたの遺伝子は欲しがっている）、社会的に昇りつめたと言える人は「息子」を、社会の底辺にいる人は「娘」を持つことが望ましいわけだ。

ところで、こうしたことを可能にするメカニズムとは、いったいどういうものなのだろう。生物学者による、経済学者も納得する一つの見解はこうだ。

女性の体は、胎児にどれだけの栄養を与えるかを決めるにあたって「親の地位」と「胎児の性別」を考慮に入れるというものである。地位の高い母親は、男の胎児に多くの栄養を与える。地位の低い母親は、女の胎児に多くの栄養を与える。よりたくさんの栄養を与えられた胎児のほうが、無事に産まれてくる可能性が高いはずだ。

胎児に栄養を与えるという無意識のプロセスが、地位という意識的な情報に影響されるのだろうか？答えは「もちろん」である。そういった類のことは、ひっきりなしに起こっているのだ。冷や汗は無意識のプロセスだが、それは近づいてくるトラを意識することで容易に引き起こされる。さらに根本的なところでは、胎児にどの程度の栄養を与えるかというのは、女性の体が直面する最も重要な経済的問題の一つである。それほど重大な決定を下すというのに、きわめて関連性の高い情報を無視する理由があるだろうか？　これで、社会的地位の高い人には息子が多いという説には、いくらかの証拠といくらかの妥当性があることがわかった。地位の高い親は結婚生活も長く続く傾向があることがわかれば、離婚統計についての新たな解釈が生まれるかもしれない。

他に考えられる第三因子はストレスである。多くの動物種において、ストレス下にある集団は異常に多くのメスの子どもを産む。そして、それが人間にもあてはまるという証明もある。

東ドイツでは、共産主義が崩壊し市場経済へと移行した時代に、失業率に加えて女児の出生率も空前の高さに達した（その一方で、大恐慌時代には、子どもの男女比にそのような変化は見当たらない）。もし、ストレスが「離婚」と「娘の誕生」の両方の原因となるのであれば、娘が離婚の原因ではないということになるかもしれない。

ストレス説の問題点は、計算上はありそうもないということだ。娘と離婚のあいだの相関関係を、ほんのわずかでも説明しようとすると、ストレスの影響についてかなり極端な仮説を立てる必要がある。仮にすべての親の半数がストレス下にあり、そのうちの五五％に娘がいて、離婚率は五〇％だとする。そしてストレスのない親の四五％に娘がいて、離婚率が二五％だとする。これは、子どもの男女比に関して、現実性という点からするとかなり極端な数字である。にもかかわらず、これだけ強力な仮定のもとでも、息子を持つ親の離婚率が三六・二五％であるのに対して、娘を持つ親の離婚率は三八・七五％と、大した違いはない。したがって、ストレス説はとても通用しそうにないのだ。

どんな親でも男の子が好き？

ストレスと社会的地位では説明がつかないとしたら、また振り出しに戻ってしまったことになる。やはり、娘が離婚の原因となるのだ。

ウェブマガジン『スレート』にそのような発表をしたところ、げんなりするほどたくさんの読者から「証拠を出せ。子どもの性別が離婚の決断に関係するなど絶対に信じられない」という趣旨のメールをいただいた。中でも印象的だったのはアイオワ州在住のセラピストからのものだが、ここでは名前を出すのは遠慮して、単に「マヌケ・セラピスト」と呼ばせていただくことにする。

彼女は、そもそも何であれ子どもが離婚に関係するなどという「古めかしい考え」に同意する私を非難した。しかし、開業しているのがアイオワ州ではなく、はるか遠くの太陽系のアイオワ星でもないかぎり、このマヌケは「人類史上最も観察力のないセラピスト」賞を受賞することうけあいだ。

もちろん、子どもは離婚の決断に影響を与える。そしてわずかとはいえ無視できないほどに、男の子よりも女の子のほうが多くの離婚の原因となっているようなのだ。問題は、それはなぜなのかということである。

離婚した夫婦の子どもは、たいてい母親のもとに残る。すると次はこの問題にたどりつく。なぜ父親は、娘のためにはできなくても、息子のためには辛抱するのだろうか？　あるいは、なぜ母親は、息子から父親を取り上げないよう結婚生活を続けるのに、娘のためにはそうしないのだろうか？　父親は、息子と一緒にいるほうが好きなのだろうか？　親は、男の子には同性の手本が必要だと考えているのだろうか？　離婚で受けた心の傷に、男の子はうまく対処できないかもしれないと心配だからなのだろうか？　それともどういうわけか、ボロボロに傷ついた娘よりも、ボロボロに傷ついた息子のほうが可哀想だとでも思うのだろうか？

ダールとモレッティは、男の子が結婚生活を維持させるのは、親が男の子のほうが好きだからだと主張する。この主張は、むろんまた新たな問題を提起する。親が男の子を好むのは事実なのだろうか？

ダールとモレッティの一つ目の証拠はこうだ。女の子を連れて離婚した女性は、男の子を連れて離婚した女性よりも再婚する確率が大幅に低い。そして娘は、再婚の確率を下げるばかりでなく、再婚した場合でも、二度目の結婚がうまくいく確率も下げてしまうのだ。

「再婚市場」において、明らかに娘は足手まといであり、それは将来の夫が男の継子を望んでいるからということになるだろう。単に母親が手を出しかねない継父の目に、自分の娘をさらしたくないだけなのかもしれない。ともあれ、この再婚に関する統計は示唆に富んではいるが、それが何を示しているのか私にはよくわからない。

しかしそれよりも顕著な証拠が、「できちゃった結婚」に関してはある。

ここに出産を控えた、典型的な未婚のカップルがいるとする。そして、赤ん坊の性別をかなりの確率で教えてくれる超音波装置を彼らが持っているとする。このカップルが結婚する確率は、子どもが男の子である場合のほうが高いのだ。明らかに、未婚の父親の目には、妻と息子と一緒に暮らす未来のほうが、妻と娘と暮らす未来よりも魅力的に映るということだ。

最後にダールとモレッティは、「男の子の親」よりも「女の子の親」のほうが、もう一人産もうとする確率が高くなることを指摘している。やはり娘よりも息子を望む親が多いことを示唆するものだ。これについてはアメリカでも相当な数字が確認されているが、ここでもまた、他の国ではさらに際立っている。アメリカやコロンビア、ケニアの場合、三人の娘を持つ親は、三人の息子の親よりも、もう一人産もうとする確率がおよそ四%高い。メキシコでは九%近くにまで上がり、ベトナムでは一八%にのぼる。中国にいたっては、一九八二年に一人っ子政策が義務化されたが、それ以前にはなんと九〇%にも達していたのだ！

ダールとモレッティは言及していないが、「親は男の子が好き」説を支持する証拠がもう一つある。多くの「養子縁組斡旋《あっせん》業者」は、女の子の需要のほうが高いと言うのだ。それこそまさに、親が男の子を好む世界で起こる現象である。つまりそうした世界では、養子に出される男の子は何か深刻な問題を抱えている可能性が高い一方で、女の子の多くは単に女の子であるというだけで養子に出されるからだ。したがって、利口で健康な子どもを養子にしようと思ったら、もちろん私は女の子を選ぶ。養子に出された子どもの中では、概して男の子よりも女の子のほうが利口で健康だと思うからだ。たとえ女の子より男の子が好きだとしても、利口で健康であることを優先する気持ちのほうが強ければ、女の子を選ぶだろう。

それで、結論はどういうことになるのか？　ダールとモレッティも、決定的な証拠を見つけたわけではないことを認めている。あなたがすばらしい頭脳の持ち主なら、彼らが報告したすべての事柄についてまた別の解釈を展開することもできるだろう。それでもダールとモレッティは、自分たちのデータからは、概して親は「女の子よりも男の子が好き」だと解釈するのが自然だと主張しているのだ。

男の子は夫婦のかすがい

『スレート』誌にこうした事柄を発表したとき、親が男の子を好きだと認めようとはしない読者もたくさんいた。

とりわけ斬新な意見を送ってくれたのがトッド・ピータースという読者だった。自尊心の低い男の子は内向的で魅力のない人間になる。自尊心の低い女の子はふしだらになる。したがって、もし孫がたくさん欲しければ、(結婚生活を続けることで)男の子の自尊心を高めつつ、(離婚することで)女の子の自尊心を低くする必要があるというのだ。

ご意見には感謝するが、それよりもこういうのはどうだろう。

親が、女の子よりも男の子のほうが多くの財産を相続する必要があると考えても不思議ではない。その理由は、財産のある男のほうが結婚市場で優位に立てると思うからか、あるいは男のほうが起業する可能性が高いと思うからかのどちらかだろう。それが親の考えだとしたら、男の子の親のほうが女の子の親よりも、財産を守ろうとする努力を惜しまないだろう。とくに離婚は高くつくから避けようとするはずだ。

この仮説は、離婚統計の説明になるだけではなく、息子のいる親がもう一人産もうとしない理由も説明してくれるだろう。子どもが増えれば、相続財産が目減りするからだ。

ダールとモレッティは、息子は結婚の質を高めてくれると考えているが、こちらの説では、息子は離婚の痛みを増幅させるということになる。どちらにしても、男の子は「夫婦のかすがい」になるわけだ。それゆえに女の子は、男の子ではないから離婚の原因となる。

しかし、ダールとモレッティの物語では男の子が祝福すべき存在であるのに対して、相続の物語の男の子は忌わしい存在となる。少なくとも、結婚生活が崩壊し始めたときには忌わしいものになる恐れがある。

もしそれが正しいとしたら、この文のタイトルは「まいったね！　男の子だよ」にするべきだったのかもしれない。

7　ヒトデを海に戻す少女

寄付すべき慈善事業を選ぶとき

中世で最も影響力のあったユダヤ人哲学者、モーゼス・マイモニデスは次のように言明したことで知られている。

「慈善は見知らぬ人の手に渡ったときこそ価値がある」

中世の思想はほとんどそうだが、このマイモニデスの分析も、私にはばかみたいなように思えてしまう。その「見知らぬ人」が、ふたを開けてみたらビル・ゲイツやサダム・フセインだったということもありうるのだ。私なら、飢えた子どもの役に立ったのだとわかるほうが、ずっといい。

無計画な親切もけっこうだけれど、方向性を持った親切のほうがさらにいい。私が慈善を施したい気分になったときには、たまたま道ですれ違った男に一〇ドルを差し出すより、受け取る価値がある相手を選びたいものだ。

たとえば「CARE（アメリカ援助物資発送協会）」などは、受け取るに値する。飢餓と戦う立派な組織であり、あなたの援助を望んでいる。「アメリカ癌協会」も、受け取るに値する。病気と戦う立派な組織であり、こちらもあなたの援助を望んでいる。ここで一つアドヴァイスしたい。あなたがいま寄付をしたいと思っているなら、このどちらにも寄付しないように。

どんな慈善行為にも、明確な道徳的判断が伴うものだ。

CAREに一〇〇ドルを寄付することは、CAREのほうが癌協会より価値があると主張することになる。それが最初に一〇〇ドルを寄付したときの判断なら、二度目に一〇〇ドル寄付するときも同じはずだ。明日は癌協会に寄付するということは、今日CAREに寄付したことは間違いだったと認めるようなものである。

しかし、二つの慈善事業のうちどちらかに絞れない場合はどうすればいいのだろうか？ どちらも価値があり、どちらも立派なことはわかっているが、どちらがその度合いが高いか確信を持てない場合は？ どちらのほうが自分の寄付金を有意義に活用してくれるかまるでわからない、あるいは癌患者と飢えた子どもに優先順位をつける自信がまったくない場合は？

気持ちはわかるが、だからと言って責任を回避できるわけではない。CAREに寄付するということは、手元にある（明らかに不十分な）情報に照らして、最善の（たぶん、かなりの確率で間違っているかもしれない）判断を下したうえで、CAREのほうが癌協会より価値があると言っていることになる。それがあなたの最良の推測なのだ。そして今日最良であるなら、明日もまた最良であるはずだ。

そんな最良の予測もないという場合はどうなるのか？ 自分の判断能力を限界まで駆使したうえCA

REと癌協会の価値がまったく等しいということになったら？

そのときはコイン投げでもして、出たほうにすべてを寄付すればいい。二つの慈善事業の価値が等しいなら、どちらか一方に二〇〇ドルを送るのは、それぞれに一〇〇ドルを送るのと同じくらい良いことだ。おまけに切手代や振り込み代も一回分で済むのだから。

どちらか一つに迷ったら

この議論は、シンプルで、意外性があって、深遠な道徳的教訓を含んでいる。だが同時に、この話を聞くと、ほとんどの人はだまされたような気分になるらしい。常識にことごとく逆らう結論のように思えるからだ。

人はつき合う人を一人に限定したり、余暇をたった一つの趣味に費やしたり、資金をたった一つの株に投資したりはしない。

たとえば今日夕食にチキンではなくステーキを選んだのだから、これから先死ぬまでチキンではなくステーキだけを食べろというのはばかげた話だ。では、なぜ慈善ではそうではないのだろうか？

まず人が一人以上の友人とともに過ごすのはなぜなのかを考えてみよう。

私は友人のジョーに会うのを楽しみにしている。だがジョーに会って旧交を暖め、近況を語り合ったあとでは、少なくともしばらくはどうしても会いたいという気持ちは以前ほどではなくなる。つまり「ジョーに会いたい」問題が片づいたわけで、今度はまた別の問題、たとえば「ジェリーに会いたい」

問題に移れるということなのだ。
こんなことを言うと、思い込みの激しい人はこう叫ぶかもしれない。

「昨日、おまえはジョーを訪ねた。最善の判断を下したうえで、ジョーと過ごす時間のほうがジェリーと過ごす時間より重要だと明らかにしたわけだ。それなのに今日、その判断を否定しているじゃないか！」

しかしそんな思い込みの激しい人には、ぴったりの答えを用意してある。ジョーと過ごす時間が昨日ほど切実なものでなくなったのは、すでに一緒に過ごす時間を持てたからだ。

同じことは、余暇の過ごし方や金銭の投資にもあてはまる。

休みをすべてゴルフに費やすのは良い考えとは言えない。たまには映画を観たり、ヨットに乗ったり、子どもと話したりするほうが楽しいだろう。ゴルフコースを二時間も回れば、「ゴルフを十分にやっていない」問題がだいたい片づいたことになるからだ。人生で取り組むべき他の問題に向かうときが来たのである。同様に、マイクロソフト社の株に投資すれば、ポートフォリオにハイテク関連株を加えるという問題がほぼ片づくことになる。他の投資対象に移るときが来たのだ。

だが慈善の場合はそうはいかない。いくらCAREに寄付しようと、飢餓に苦しむ子どもたちの問題が片づくことは絶対にない。問題が多すぎるのだ。一人一人の飢えた子どもの背後には、もう一人同じように援助を求めている子どもが存在する。

けっして、CAREに寄付することが無益な行為だと言っているのではない。

あなたの寄付で、一人の子どもに食べさせることができる。一人の子どもの飢えを満たすことの価値は、飢えを満たさない子どもが、あと二人いようが二〇〇人いようが、あるいは二〇億人いようが変わらないのだ。そもそもCAREに寄付しようと決めるときに問うべきことは、「この金で何人の子どもが食べられるだろうか?」であって、「食べられない子どもは何人いるだろうか?」ではない。だから寄付していただきたい。CAREに、あるいは優先順位のトップに掲げた団体に。

だが、もしあなたが別の慈善行為に移ろうと考え始めたら、そのときには飢えを満たされない子どもたちが、突然目の前に姿を現すだろう。

ヒトデのサミー

私が教鞭をとる大学で一部の学生が、慈善事業への寄付を奨励する組織を立ち上げた。マスコットは「ヒトデのサミー」なのだが、その理由はパンフレットを読めばわかる。

一人の少女が海辺を歩いていた。激しい嵐のあとで、浜には無数のヒトデが打ち上げられている。少女は歩きながら、ヒトデを一つずつ拾い上げては海に投げ返している。

しばらく続けていると、一人の男が近づいてきてこう言った。

「お嬢ちゃん、なぜそんなことをやっているんだい? この浜を見てごらんよ! ヒトデを全部助けるなんてできないんだ。そんなことしたって何の役にも立たないよ!」

少女はがっかりして、すっかりしょげてしまったように見えた。だがすぐしゃがみこんで、一匹のヒトデをつかむと、できるだけ遠くの海に向かって力いっぱい放り投げた。そして男を見上げて言った。

「あのヒトデの役には立ったわ」

この少女に座布団を一枚さしあげたい。

何千というヒトデの中の一匹を救うのも、浜辺に一匹だけ打ち上げられたヒトデを救うのも同じぐらい良いことなのだ。わざわざ一匹のヒトデを救うことに価値があると言うのなら、価値があるのだ。自分にできることをやればいいの。

ヒトデのサミーの物語にはすばらしい教訓がこめられていて、それが実に力強く伝わってくるので、私は続編を書くことにした。

一時間ほどすると男が戻ってきて、この先の浜に、同じように嵐でタコノマクラが山のように打ち上げられているのを知っているかと少女に尋ねた。少女は悲しげにうなずいた。

「じゃあ」と男は言った。

「君は昼からずっとヒトデを助けていた。だけどタコノマクラは誰も助けようとしない。向こうの浜に行って、しばらくタコノマクラも海に戻してやったらどうなんだい？　彼らには番が回ってこないのかい？」

「でも」と少女は答えた。「まだこんなにたくさん、助けなきゃならないヒトデがいるもの」


この少女にふたたび座布団一枚。

彼女は、同時に二つの場所にいることはできない。彼女はすでに、タコノマクラではなくヒトデを救うという、悲しいけれどもしなくてはならない選択をしたのだ。そしてそう決めたときから、関連性のある事柄は何ひとつ変化していない。少女はたくさんのヒトデを救い、それは十分その努力に値する。

だが、基本的な問題、無数のヒトデと無数のタコノマクラはそのままだ。

問題が変化していないのであれば、答えは変わるべきではない。

どうにかしてすべてのヒトデを海に戻すことができる少女なら、タコノマクラの救出に向かってもかまわない。

あるいは、「丈夫さ」か、「可愛さ」か、それとも「投げやすさ」か価値判断の基準が何であれ、自分にとって最も価値のあるヒトデをすべて救った少女だって、そうしてもいいかもしれない。問題が片づいたら、次に進む時機が来たと言ってもいいだろう。

したがって、私の「ひとつ選んだからにはどこまでも」論は、小さな慈善にはあてはまらない。地元の劇団が衣装代として一〇〇ドル、さらに打ち上げパーティー代として一〇〇ドルを必要としていたら、衣装代の一〇〇ドルだけ払ってそれでおしまいということでもいいだろう。彼らの問題の大部分は片づいたのだから、次に進む正当な理由がある。

同じように、もし一〇人の飢えた子どもが家を訪ねてきたときに、一〇個のハンバーガーが手元にあるとしたら、先頭にいる子どもに一〇個すべてをあげることはない。一人の子どもの「空腹問題」を片づけるにはハンバーガー一つで十分だから、次に目を向けるときである。親鳥が、いちばん大きな声で鳴く子だけでなく、どのひな鳥にも食べ物を与えるのは理にかなったことなのだ。

だが一万人の飢えた子どもが訪ねてきて、最初の一〇〇〇人は壊血病を、次の一〇〇〇人はくる病を、さらにその次の一〇〇〇人もまた別の病気を患っているとする。そしてもし最初に壊血病の子どもに食べ物を与えたとしたら、次にくる病の子どもに与える理由はない。壊血病の子どもたちがいちばん飢えているように見えたなら、彼らに与え続けるべきなのだ。たとえくる病の子どもたちも同じぐらい飢えているように見えたとしても、切り替える特別な理由はない。

一万人の中の一人の飢えを満たすことは、一〇人の中の一人、あるいはたった一人の子どもの飢えを満たすのと等しく、称賛に値する。

ただ、たった一人の子ども飢えを満たすのとは違って、一万人の中の一人に食べ物を与えることは、解決しようとしている問題に大きな変化を及ぼすわけではない。だから分散させる理由もないということなのだ。

それにもかかわらず、このすばらしいアドヴァイスを人々は無視し続ける。

そして、同じ日のうちに心臓病協会と癌協会とCAREと公共ラジオに寄付をするのだ。「これで心臓病の問題はほとんど解決したのだから、次は癌に対して何ができるか考えてみよう」とでも思っているかのように。

人が寄付金を分散させる理由

しかし、そんな誇大妄想を抱く人はまずいないだろう。したがって、人が寄付金を分散させるには何か別の理由があるはずだ。その理由とは何だろうか？

私の答えはこうだ。

受け取る相手のことを思いやって寄付をする人もいる。そうじゃない人は、自分がいい気分になりたいから寄付をする。もし相手を思いやっているのなら、いちばん価値のある対象を選んでそこだけに尽力するはずだ。だがもし自己満足のためだとしたら、一〇個の異なる慈善団体を挙げて、「全部に寄付したんだ！」と言えることに喜びを見いだすだろう。

CAREに寄付すれば、「寄付したい」という欲求を満たしてくれるかもしれないが、CAREが取り組んでいる問題は依然として片づいていない。したがって、もし自分のニーズに焦点を合わせていたら、次は別の慈善団体に寄付しようという気にもなるだろうが、子どもたちのニーズに焦点を合わせているなら、そうはならないはずである。

自己満足の衝動自体は何ら悪いことではないし、それが善いおこないにつながるなら称賛に値する。しかし、慈善行為はまた話が違うのだ。その違いを知り、そして寄付を分散させることが純粋な慈善の衝動以外の何かのしるしであるということを理解するために、こんな「思考実験」をやってみたい。

あなたがCAREに一〇〇ドル寄付するつもりだとする。そして、小切手を郵送する直前に、私がCAREに一〇〇ドルを寄付したばかりだと知ったとする。そのとき、あなたはこう言うだろうか？

「そうか。じゃあCAREへの寄付は飛ばして、いきなり癌協会に寄付するか」

まずそれはないだろう。

だとしたら、私のCAREへの一〇〇ドルの寄付では、これで今度は癌協会に寄付できるとは思わないのに、あなたのCAREへの一〇〇ドルの寄付なら、これで癌協会に寄付できると思うのはなぜだろうか？

あなたの一〇〇ドルのほうが、私の一〇〇ドルよりも効果的あるいは重要であると考えているのでなければ筋が通らない。もし、自分の寄付のほうが私の寄付よりも効果的だと考えているとしたら、それは誇大妄想に違いない。もし自分の寄付のほうが私の寄付よりも重要だと考えているとしたら、あなたは自己満足の欲求を、受け取る側の食べ物に対するニーズより重視しているということなのだ。

Q&Aの時間

Q1　リスク回避はどうでしょうか？　たとえば慈善団体Aと慈善団体Bのどちらかが私の寄付を有意

義に活用してくれるのは確かだが、それはどちらかわからないとします。間違ったほうにすべてを賭けてしまうリスクを回避するために、寄付を分散させることは理にかなっていませんか？

A　それは間違っているほうにすべてを賭けることが大惨事につながると考えている場合にかぎり、理にかなっていると言えます。しかしそれもまた誇大妄想です。なぜなら、あなたの寄付では全体のほんの一部にすぎないからです。たしかに、ほぼ全員が間違ったほうに賭けていたら悲惨でしょうが、あなたが寄付を分散させても、基本的に、その不幸を回避することには何の役にも立ちません。

たしかに一点買いのリスクは考えたくなりますし、それがあてはまる場合もあります。たとえば一つの株に資金全額を投資するのは、不良な株を選ぶかもしれないので大きな誤りだ、と言っても間違いではありません。しかし、一つの慈善団体にすべてを寄付するのは、悪質な慈善団体を選ぶかもしれないので大きな誤りだ、というのは正しくありません。どこが違うのかと言えば、あなたの投資ポートフォリオの寄贈者はあなた一人であるのに対して、慈善団体には他にも寄贈者がいるということです。したがってあなたには、自分のポートフォリオに大きな損害をもたらす危険はあっても、慈善団体に損害をもたらす危険はないのです。

Q2　しかし誰もが慈善団体Bよりも慈善団体Aのほうを少しだけ好んだとして、誰もがあなたのアドヴァイスにしたがって寄付を集中させたとすると、慈善団体Aにすべての寄付金が集まることになってしまう。それは不幸なことではないですか？

Ａ　なぜ、慈善団体Ａにすべての寄付金が集まると考えるのでしょう？　どこに寄付するかを決める際には、他の人たちの寄付を遠慮なく計算に入れてもいいのです。慈善団体Ａが当初の目標金額を満たす寄付金を集めたとなれば、多くの人が慈善団体Ｂにも目を向けてみようと思うでしょう。言い換えれば、慈善団体の価値は、活動内容のみならず、すでにどのぐらい資金を集めたのかによっても変わってきます。個人では慈善団体Ａの問題を解決することはできませんが、みんなで協力すれば何とかなるかもしれません。そしてそれができたら、またみんなで別の団体に貢献しようということにもなるでしょう。したがって、個人としては分散しなくても、コミュニティ全体としては分散するかもしれないし、むしろそうすべきです。

Ｑ３　ということは、基金がいちばん少ない慈善団体に全額寄付すべきだということですか？

Ａ　それはもちろん違います。基金は数ある検討材料のひとつにすぎません。仮に、基金二億ドルの癌協会と、基金一〇ドルのミミズに高級住宅を与えるための財団のどちらかを選ばなければならないとしたら、私は癌協会にします。

分散以外のわずかな例外

ほぼ例外なく、純粋な慈善の論理では分散は考えられない。しかし、そのわずかな例外もふれるだけの価値はある。

第一に、地元の劇団のくだりで述べたような「小さな慈善」の例外がある。もし隣人が飢えていたら、私は食事をご馳走する。だが単に腹を空かせているだけなら、自分で何とかしてもらうだろう。

第二に、金ではなく時間を提供している場合も除外される。というのも、一つの作業に長時間あたっていると飽き飽きしてくるものだから、二時間立ちっ放しで炊き出しをしたら、三時間目は座ってできる慈善を提供したいと思うだろう。

第三の例外は、新しい情報が得られた場合である。癌協会について、何か新しいプラス面がわかったら、対象をCAREから癌協会に変えたいと思うかもしれない。ただしこの例外は、わずか五分のあいだに三つの異なる慈善団体に小切手を送るような人には適用されない。

四番目は可能性だが、自分の行為が他者にも寄付を促すことになると思うならば、例外となるかもしれない。その場合は、善いおこないを広く分散させて目立たせたほうが、隣人の慈善心を触発しやすくなるだろう。ある読者が指摘したように、「ナショナル・パブリック・ラジオとアムネスティ・インターナショナルと米国自由人権協会に五〇ドルずつ寄付すれば、公共ラジオや人権や公民権の話題が持ち上がったときに、友人にそのことについて言及することができる」。

だがこの議論を究極まで突きつめていくと、CAREに一〇〇ドル寄付する代わりに、一万の異なる団体に一セントずつ寄付すればいいということになってしまう。そんなやり方で、人は真似ようとするだろうか？　むしろ、どの慈善事業に対してもあなたが真剣でないことを知らせるだけで、あなたの模範としての価値はどんなものであれ地に落ちてしまう。

寄付の分散には、常にこれと同じ力が働く。CAREに一〇〇ドルを寄付することで、CAREはそれに値する立派な団体であるということを周りの人に知らせることになる。癌協会にも一〇〇ドルを寄付することは、結局CAREにはそれほどの価値はなかったと知らせるに等しい。

したがって、他者を触発するために分散させるというのは、逆効果となることもある。それに、本当に他の人が自分の行動に簡単に影響されると思うのなら、いつでも実際よりもはるかに多くの寄付をしたと言えばいいのだ。もっとも、ほとんどの人間は嘘をつくとことに抵抗があるだろうが。

最後の例外だが、誰かが褒美をくれるときも、人は寄付を分散させようとするかもしれない。誰かとは、たとえば雇用主である。雇用主は、あなたが寄付を分散させた場合にのみ対象団体を支援するような制度を設けているかもしれない。ただ、これではひとつの謎がまた別の謎に取って代わられただけだ。この話はあなたが分散させる理由は説明してくれるが、雇用主があなたにそうさせたい理由の説明にはなっていない。しかしおそらく雇用主を突き動かしているのは、純粋な慈善衝動以外の何かだろう。そしておそらくそれがわかったところで、さほど驚くようなものでもないだろう。

実際のところ、アメリカの企業は、基本的に慈善の衝動などに突き動かされたりしないのだ。そこには、株主が企業の役員に寄付先を決めてもらいたいとは思っていないという、至極もっともな理由がある。洋服をあつらえるために仕立屋を雇い、屋根の修繕のために大工を雇うように、株主は会社を経営してもらうために役員を雇うのである。仕立屋も大工も会社役員も、その道には長けているかもしれないが、だからと言って正しい寄付のしかたまで心得ているとはかぎらないのだ。

したがって、企業の大部分は慈善行為を完全に避けている。その代わりに「ユナイテッド・ウェイ」（全米各地に支部を持ち、市民から集めた寄付金を管轄下の各種NPO法人に配分する中間組織）などという、企業広報に都合がいいだけの団体におもねっているのだ。

ユナイテッド・ウェイに寄付するほど、慈善行為から遠い行為はない。ユナイテッド・ウェイの配分先となる数十の組織を見れば、自分の信念と価値観に照らして、余分な一ドルを十分に活用してくれる組織が少なくともひとつは簡単に見いだせるはずだ（見つからないと言う人は、「他者のニーズに気づかない度」の世界記録を争っているに違いない）。

ユナイテッド・ウェイにあなたの寄付金を何千という価値の低い慈善事業に分配させて黙っているのは、慈善の対極にある行為と言える。そうすることで勤務先の広報部からは褒められるかもしれないが、その評価は、受け取る価値のある人の手から資金を奪うことで買い取ったものなのだ。慈善のあるべき姿からは完全にかけ離れている。

愛は自慢せず、高ぶらない

社会学者は、人々が実際にどう行動するかを説明する「記述的理論」と、どう行動すべきかを説明する「規範的理論」を区別している。伝統的に経済学者は、純粋な記述に留めることを旨とする謙虚さを持ち合わせている。

そこで私の論理を純粋に記述するとこうなる。

「慈善家は寄付を分散させない。しかし実際はほとんどの人が寄付を分散させている。したがって、ほとんどの人の動機は、慈善心以外のものである」

伝統的な経済学は、私に「ここでやめておけ」と言っている。すでに人間性について学ぶところがあったのだから、それだけでも十分な成果である。経済学者の仕事は人間について理解することであり、人間を変えようとするものではない。

だが今回は、経済学の方針からはずれて「規範的理論」を展開したいと思う。こんな感じだ。慈善を施したければ、寄付を分散させずに集中するべきである。

なぜ、この理論は他と違うのだろうか?

ひとつには、おそらくはほとんどの人があらためて考えてみたこともない自然の直感に反するからではないだろうか。しかしだからこそ、ひとたびこと議論が提示されれば、みずからの行動を見直したくなる人も出てくるはずだ。私もその一人である。

最初にこの議論を耳にしたのはランチでの会話だった。そのときは思わず腰が引けた。言い方を換えれば。理解できなかったのだ。論理を把握してからも、自然な思考のプロセスに組み込むまでにはさらに時間がかかった。そしてようやく私は自分の寄付行動を調節したのだ。つまり私が大胆にも「規範的理論」を提示したのは、実際に考えを改めた者の情熱ゆえである。

自己満足のために寄付をしたとしても寄付に変わりはないし、当然歓迎されるべきだ。しかし、それを慈善と呼ぶためには、慈善の心がなければならない。「愛は自慢せず、高ぶらない」と聖書の教えにもあるではないか。

たくさんの団体から礼状をもらって高ぶるのもいいが、最善を尽くしてくれると信じた団体にすべてを注ぎ込むことで、あなたも真の愛と慈善の人になれるのだ。

純粋理性擁護

本章の短縮版を『ストレート』に発表したところ、メールが殺到した。もちろん内容の差こそあれ、そのほとんどは、いただいただけでもありがたいものだ。だが、この考えの可能性さえ認めようとしない人からのメールにはがっかりさせられた。

たとえば次のような質問ですべてを片づけてしまった読者もいた。

「CAREと癌協会はどちらも立派な慈善団体であり、どちらも寄付に値すると考えてはいけないのですか？」

もちろんそう考えてもいい。私もそう思っているし、私が友人になりたいと考える人たちのほとんどがそう思っている。だが問題はそういうことではない。どちらも立派な慈善団体であると信じるとして、その信念をどうやって最良のかたちで行動に移せるかを考えなければならない。あるいは少なくとも考えたいと思わないだろうか、ということなのだ。

そうしたジレンマに直面することを避けることが許されるのは、検討に値する慈善団体がたったひとつしか見当たらないという、きわめてまれな人間だけである。そうでない人は（この質問をよこした読者もそうだが）、どうにかしてこの対立する価値を調整しなければならないのだ。そしてたしかに、飢えた子どもと癌研究は対立する価値に違いない。どちらか一方に与えた一ドルは、もう片方に与えなかった一ドルだからである。

自分の中で価値が対立するとき、取るべき道は二つしかない。やみくもに本能にまかせて突き進むか、少々の論理を働かせて、それぞれの価値が真に求めているものは何であるのかを見極めるか。私は後者を支持する。

多くの場合、自分が論理的かどうかを確かめる最良の方法は、その議論を数字で表してみることである。二〇世紀初頭、高名な経済学者のアルフレッド・マーシャルは、同僚に次のようなアドヴァイスをした。「経済学の問題に直面したら、まずそれを数式に翻訳し、問題を解いたあとにふたたび英語に翻訳して、数式を燃やしてしまえばいい」。

私はマーシャルの心酔者なので、このアドヴァイスに従うことが多い。だが、読者の中には実際にその数式を見て、翻訳の過程で何が失われるのかを自分で確かめたいという方もいるだろう。

論理への反抗は、しばしば数学への敵意となって現れる。『ストレート』の読者の中には、数字で示せる議論などが、道徳的なジレンマを的確にとらえられるわけがないとまで言う人がいた。だが「数字で示せる」ということは、「本質的に矛盾していない」のと同じことなのだから、きっとそういう読者は、故意に矛盾したことを言わなければ、道徳の話にはならないとでも考えているのだろう。

だからと言って、でたらめな数式や論理的であってもたまたま理解できない数式などに惑わされる必要はない。議論の意味を数学が取り違えている場合は、数学だってお手上げである。ただ今回の場合、数学にあるもので、英語にはないものは何ひとつないのだ。数学は、私たちが公正を保ち、微妙な矛盾を見過ごさないように存在しているだけである。

重要なのは、数学者が言うところの「一次便益」（たとえば、一人の飢えた子どもを救うこと）と「二次便益」（たとえば、世界中の飢えた子どもの数を大幅に減らすこと）を区別することだ。一次便益は寄付行為を正当化するが、寄付行為の分散行為を正当化するには二次便益が必要なのである。そしてこうした微妙な差異を見極めるのに、たまたま微分積分学がとても重宝な言語だったりするのだ。精密さが求められる難解な道徳的議論に精密な言語を取り入れることに、反対する理由があるだろうか？

道徳上の問題には真剣に取り組む価値がある。だから道徳的な話をするには、本質を見極め、無関係なものを取り除くために、数学の偉大で深遠な力を借りないわけにはいかないのだ。

道義的責任を整理する際には、深遠さこそ追求に値するものなのだ。

8 なぜ人は冷蔵庫のドアに鍵をかけるのか？

費用と便益をはかりにかけて

私にとって、いつも変わらぬ宇宙の二大神秘とは次のことである。

「なぜ、何もないのではなく何が在るのか？」

そして、

「なぜ、人は冷蔵庫のドアに鍵をかけるのか？」

実はずいぶん前に、不本意ながらこの二つのテーマについてわかりやすい説明はできないという結論に達した。ところがその後、物理学や哲学や経済学の分野で、目を見張るような新しい概念が現れたおかげで、別の見方ができるようになったのだ。

古い概念がないのだから、新しい概念が必要である。なにしろ、神の意思とダイエットの難しさといった、使い古しの考えしかないのだから。

とにもかくにも、合理的であるはずの生き物が、自分自身と夜中の間食とのあいだに障害を作ろうとするのはなぜだろうか？

夜中の間食には費用と便益の両方がある。費用は通常、カロリーや脂肪のグラム数で測られ、便益は、そう間食にも便益はあるはずだ。でなければ、私たちをあれほど誘惑するはずがない。人は便益が費用を上回ると思ったときに間食をする。言い換えれば、最善の判断を下した結果、最終的に間食が良いことだと思ったときに間食をするのだ。その良いことをさらに難しくしてどうしようというのか？

だが、人々は実際に冷蔵庫に鍵をかけている。またタバコを隠したり、簡単には引き出せない口座に預金したり、いやでも運動せざるをえないような、滑稽なほど手の込んだ仕組みを考え出したりしている。オデュッセウスは、自分の体をマストに縛りつけて、セイレーンの誘惑を拒んだ。私はかつて、午後になるとパソコンを引き出しにしまって鍵をかけ、ネットサーフィンで一日をつぶしてしまわないように、秘書に鍵を預けていた。

こうした行為はどれも意味をなさないように思える。

午後の仕事を犠牲にしてまでネットサーフィンをしたいと思うならば、ネットサーフィンにはそれだけの価値があるに違いない。だったらなぜネットサーフィンを我慢しなければならないのだろうか。ホットファッジサンデーを食べるのは、それだけのカロリーに目をつぶれるほど食べたいときなのだ。だったら食べるのを我慢しなければならないのだろうか。

それに対する安直な答えはこうだ。

「サンデーはそのカロリーに値しない（あるいはタバコには健康を害してまで吸う価値はない、あるいはセイレーンとの戯れには船を難破させるほどの価値はない）が、何かのはずみで理性を失って、間違った決断を下してしまうこともあるだろう」

私が知る中でも、ずばぬけて明瞭な頭脳と強靭な精神を持った経済学者である友人のデヴィッド・フリードマンは、この答えに賛成している。デヴィッドは、勤務先のサンタクララ大学の駐車許可証を要らないと断ったのだが、それは自転車通勤を自分に課すためだった。だが、人からその不合理な考え（何と言っても合理的な生き物であれば、しかるべきときにはいつでも自転車通勤するだろうから、雨の日に備えて駐車許可証はもらっておいたらどうだろう？）を責められたデヴィッドは、快く相手の意見に従った。デヴィッドは、人間の行動には二種類あるのだと説明した。すなわち合理的なものと、不合理なものと。他者の行動を予測するとき（つまり経済学を実践しているとき）、デヴィッドは合理的な部分にのみ焦点を当てている。なぜなら、不合理な部分は本質的に予測不可能だからだ。だが自分自身の行動を予測する段になると、自分なりの不合理を見抜く力が備わっていて、それを認識したりそれに基づいて計画を立てたりできると考えてしまうのだ。

つまりこのときデヴィッドは、おそらく研究者としての人生でただ一度だけ、戦わずしてあきらめたのである。人間の行動を説明しようとするとき、「不合理性」は、どうしようもないときだけすがりつく最後の手段であるべきである。

人間が不合理であるわけがない。合理的な説明を見いだそうとする試みから何かを得るものだからである。他人が自分には理解できない行動をとったとき、それを不合理だと切り捨てることもできるし、その目的を考えようとすることもできるし、その目的を考えようとすることもできる。前者の方向に進めば、ひとりよがりの優越感にひたる機会が与えられるだろう。そして後者は、何かを学ぶ機会を与えてくれる。

したがって、デヴィッドとは違って、私は次のような仮定を出発点にしたいと思う。サンデーを食べたり、タバコを吸ったり、自転車ではなく車に乗ったりするとき、人は合理的に（必ずしも意識しているわけではないが）費用と便益をはかりにかけて、最良の選択をしている。しかし、問題はここだ。合理的な選択をするのをこらえようとすることが合理的と言えるだろうか？

最も簡単な、かつばかげた答えは、自制することが「好き」だと言ってしまうことだ。たまたまホットファッジサンデーを食べることより、冷蔵庫に鍵をかけることが好きだとしたら、その好みを満たすために冷蔵庫に鍵をかけるのは理にかなっている。だが、ひとたびこの世の物事すべてを「好み」のせいにすることを許してしまったら、それは知的な鍛錬を放棄するのも同然である。いかなる行動も、それが好きだからの一言で「説明できる」ことになってしまう。

私が初めて経済学を教わったディアドル・マックロスキーは、こんな風に無意味に勝ち誇ってはいけないとよく言っていた。

「なぜ、あの男はモーターオイルを飲んだのか？　なぜなら、モーターオイルを飲むのが好きだから？」何でも説明できるということは、何も説明していないということなのである。

自制好きは結婚市場で優位に立てる

　ところが、認知科学者のスティーブン・ピンカーは、そのすばらしい著書『心の仕組み』（NHK出版、二〇〇三年）の中で、モーターオイルを飲むことを好みのせいにするような考えを持ち出さなくとも、自制好きを仮定することはできると示唆している。なぜならば、モーターオイル好きとは違って、自制好きは生殖面で優位に立てるからだ。

　夜中に間食をすれば、便益のほとんどをあなた自身が得る一方で、あなたの配偶者（あなたの健康や外見にこだわるのももっともな人物）は費用の多くを分担することになる。つまり自制好きは、「結婚市場」においても望ましい存在となる。だとしたら、自然淘汰が冷蔵庫に鍵をかけることが好きな人々に有利に働いたと驚くことはない。

　つまり鍵のかかった冷蔵庫は、女の子をひきつける要素なのだ。

　ダイエットするだけでは十分とは言えない。女の子たちは賢いから、今どれだけスリムだろうと、うっかり結婚しようものなら、あなたが本来の大食いに戻ってしまうと疑っているからだ。あるいはデザートは一日二個までという婚前契約書を交わせば何とか切り抜けられるかもしれないが、その契約を守ることのほうが悪夢である。だがもし女の子たちが、あなたが本当に自制好きであることを目で確かめることができれば、安心してあなたに賭けてみようと思うかもしれない。

　タバコについても同じことが言える。

喫煙の楽しみと肺の病気のリスクをはかりにかけて、タバコを吸うことが理にかなっていると考えたとする。すると、健やかなるときも病めるときも一緒にいてくれるようなパートナーを引きつけることが少々難しくなる。したがって、たとえあなたにとっては喫煙が正しい選択だとしても、喫煙を我慢するという目に見えるかたちの本能を持っていたほうが、「結婚市場」ではうまくいくわけだ。

デヴィッド・フリードマンと、駐車許可証を拒んだ彼の行為もまた同様である。ある種の人たちにとっては（おそらくデヴィッドにとっても）、多少の不健康という代償を払ってでも、毎日車で通勤することが合理的なのである。だがデヴィッドの不健康は、妻のベッキーを不幸にしてしまう。そこで私の見解だが、デヴィッドが駐車許可証をもらわなかったのは、彼自身の利益には反していたかもしれないが、自転車通勤を続けることでベッキーを安心させるためではなかっただろうか。それによってデヴィッドはより望ましい夫になるから、ベッキーも夫を喜ばせるために少しはがんばろうと思うはずである。

ちょっと待った。みながみな結婚相手を探しているわけじゃないだろうと思われるかもしれない。しかし誰にでも、いつだったかはともかく結婚相手を探したことのある、しかもみごとに見つけ出した先祖がいるのである。先祖の生殖に役だった好みは、あなたにも遺伝している確率が高い。その意味では、自制好きはセックス好きと同じで、何ら不思議なことではないのだ。

セックス好きが子孫をもうけた時代があった

古くからアメリカに伝わる「チキンゲーム」は、二人のバカ者が、相手の乗った車に向かって一直線に走行し、先にハンドル切ったほうが負けというゲームだ。

このゲームの成功の鍵は、自分は何があろうとも絶対にハンドルを切らないと、相手に思い込ませることである。したがって必勝法は、ステアリングコラムを引き抜くところを相手に見せつけることだ。この話の教訓は、自由が必ずしも良いものとはかぎらないということである。ハンドルを切る自由とは、負ける自由なのだ。そんな自由など捨ててしまえば、勝つ確率は高くなるわけだ。

住宅ローンを申し込む人は、月々の支払いに合意し、厳粛にその合意を契約書にしたためることで、いくらか自由を手放すことになる。その犠牲は正当なものである。それがなければ、ローン審査に通らなかったからだ。実際には契約書にサインすればいいというものでもない。銀行側が、あなたにその契約書を真剣に受け止める意思があると確信できなければ、ローンの審査は下りないからだ。成功の鍵は、自分に何があろうとも債務を履行すると、銀行側に思い込ませることである。したがって必勝法は、支払いを一度でも怠ったら切腹も辞さないとはっきり約束をすることだ。しかし、言葉だけでは十分ではない。信用できる約束には、信用できる執行者が必要だ。政府が初めて家を購入する人に有意義な援助を提供しようと思うならば、返済を滞らせた者には極刑をもって臨むべきかもしれない。

政府は政府で信用性の問題を抱えている。

たとえば中央政府は、マネーサプライが安定して予測通りに安定成長することを投資家に約束したいと考えている。その約束が投資を促し、経済成長を促進させるからだ。しかしあいにく政府というものは、短期的目標を追求してマネーサプライを操作するので、常にその約束を破る傾向にある。投資家もその思惑は抜け目なく見抜いているから、政府の約束を疑っている。ほとんどの西洋諸国の政府は、この問題に対処するために、政府に対して直接責任を負わない独立した中央銀行総裁を任命し、マネーサプライをコントロールする自由を意図的に制限しているのだ。

中央銀行総裁を任命することは、住宅ローンの契約書にサインしたり、ステアリングコラムを引っこ抜いたりするのと同じように、約束の信用度を高めるために、故意にみずからの自由を制限することにした意識的な方策である。これに対し、冷蔵庫に鍵をかけたり、タバコを隠したりといった好みは無意識の衝動である。それは故意から生まれたものではなく、自然淘汰によって選り分けられた偶然の突然変異なのだ。したがって、その目的を私たちは知る由もない。冷蔵庫に鍵をかけることは、結婚相手をつかまえる戦略のようには思えない。だが、それもあたりまえのことなのだ。

新鮮なフルーツや肉汁したたるステーキに食欲をそそられるのも、基本的栄養を摂取するための戦略のようには思えない。にもかかわらずそれが進化したのは、食べることが好きな人々が生き残った時期があったからだ。快楽のためのセックスは、生殖本能の一部のようには思えない。にもかかわらずそれが進化したのは、セックスが好きな人々が子孫をもうけた時期があったからだ。

心の中央銀行総裁

理論上では、自然はまったく異なる経過をたどっていた可能性もある。食べ物やセックスを楽しいものにしないで、生存と生殖に必要なものとして認識できる知力を私たちに授けることもできたはずだ。

「ああ、旨そうなステーキだ」ではなく、「アミノ酸が不足気味だから、ステーキを食べる時期だ」と考える。「最近引っ越してきた彼女、いい女だな」ではなく、「最近引っ越してきた彼女には、私の子孫のプラスになる遺伝形質がある。DNAを交換し合う時期だ」と考えるわけだ。多くの点で、そのほうが効率的だったろう。こうしたメリットを相殺するのは、いつ食べるべきかを計算できる頭脳が必要だということだ。

人はどちらかと言うと無意識の本能の方向に進化してきた。だから「結婚市場で見通しが良くなるから、冷蔵庫に鍵をかけよう」とは考えずに、ただ何となく冷蔵庫に鍵をかけたくなるというおかしな衝動にかられるのである。

実際、食べることやセックスすることと違って、冷蔵庫に鍵をかけるには無意識の本能が働かなければならない。それが意識的な結婚戦略だとしたら、相手が見つかったとたん、予想された通り冷蔵庫に鍵をかけなくなるだろう。意識してコントロールできない行動だからこそ、結婚式が済んでからも続くだろうと相手を安心させることができるのだ。

約束するのは簡単であると同時に無意味なことだ。だが、強制力のある約束をするのは困難であり、同時に意義のあることである。だから人間は意図することで、そして自然淘汰を通して、強制メカニズムを構築することに労力を注いできた。人間は中央銀行を発明し、自然は本能を創造した。本能は、私たちが明らかにその言いなりになっていることからしても、優れた強制メカニズムだと言える。

たとえば復讐の本能である。

復讐は、「喜んでただちに返そうとする唯一の借り」だと言われている。また皮肉なことに、復讐は、「完全に自発的に返そうとする唯一の借り」でもある。ローンの返済を無視すれば銀行から連絡が来るが、侮辱を無視しても、誰も集金に来たりはしない。

進んで借りを返すということは、大きな犠牲を伴う浪費にもなりうる。ランカスター王朝とヨーク王朝は、一五世紀後期のイングランドに吹き荒れた報復の嵐の中で滅亡した。四〇〇年後、アパラチアの伝説となった争いでは、ハートフィールド家とマッコイ家の子孫たちが相手を殺す特権を行使して死んでいった。まったく、なぜみんな仲良くできなかったのだろうか。

ランカスター王朝とヨーク王朝の廃墟から甦ったチューダー王朝に仕えたフランシス・ベーコンは、過去を水に流したほうがいい理由についてこう書いている。

> 過去は過ぎたことであり、取り返しがつかない。そして賢明な人間には、現在にも過去にもやるべきことがたくさんある。（中略）復讐に憂き身をやつす者は、さもなければとっくに癒えているはずの傷口を、自分で広げているだけなのだ。

同じ物書きとして非常に残念なのは、この明快かつ簡潔で深遠な、そして明らかに反駁しようのないベーコンの忠告が活字になってから三〇〇年以上になるというのに、人間の行動に何の効果も認められないことだ。

必ず自己破滅にいたる本能が、どうやって気まぐれな自然淘汰を生き延びることができたのだろうか？　政治科学者のあいだでは、復讐そのものは犠牲が大きく無意味だが、復讐の脅威には抑止効果があるというのが長年の定説となっている。不幸なことに、冷徹なまでに合理的な人間が脅かしても、脅威にはならない。純粋に本能によって突き動かされた場合だけ、本気だと思ってもらえる。つまり、敵を追い払うためには、復讐好きであることが必要だということなのだ。

すばらしすぎて、一節そっくり拝借したいぐらいだが、スティーブン・ピンカーは次のようなことを述べている。人は、その怒りの大部分を、意識して引き起こすことのできない筋肉の収縮を通して合図を送っている。そうすることで、怒りが本物であり、それを抑える力にも限界があることを周りの人に伝えているのだ。政府が中央銀行に支配権を譲ることでみずからの信用性を高めるように、私たちは感情に身を委ねることで信用を得ている。復讐への激情は「心の中央銀行総裁」なのである。

純粋な利他主義と不完全な利他主義

こうした状態を、エコノミストは「時間不整合性」と呼んでいる。

将来的にやめたくなることが誰の目にも明らかな方策に身を委ねる難しさを言う。それをしようと決意する唯一の理由は、他者との関係に影響が及ぶからである。もし誰ともつき合わないというのであれば、時間不整合性の問題など生じない。時間不整合性とは、葛藤の産物なのだ。

私たちが最も親密につき合う人々は、間違いなく未来の自分である。そしてこの相互関係の重要な特徴と言えば、高度の利他主義である。先々報われるように、いま犠牲を払っているのだ。だが、私たちの実践する利他主義とはどういう種類のものだろうか？　それは、葛藤などありえない純粋な利他主義だろうか？　それとも時間不整合性を招くような、不完全な利他主義なのだろうか？

友人のラルフ・コーエンから奥さんが妊娠したと聞いたとき、私は子どもにはどんな道に進んで欲しいのかと尋ねた。ラルフは言った。

「何でもいいよ。子どもが幸せなら僕も幸せだから」

そして、少し考えてからこうつけ加えた。

「個人的には、遊撃手がいいけどね。でもやりたいことをやってくれればそれでいい」

さらに長い沈黙のあと、こう言った。

「そう、内野ならね」

これが、他者の幸福を気にかける（自分自身の幸福を思うほど差し迫ったものではないかもしれないが）純粋な利他主義と、他者がどうやって幸福を手に入れるかを気にかける権利を有する、私が言うところの「不完全な利他主義」の違いである。

伝統的な経済学の理論では、人は未来の自分自身に関しては純粋な利他主義者であるということになる。現在幸せでありたいと思うほど差し迫ったものではないかもしれないが、人は将来も幸せでありたいと望んでいる。ハーバード大学のデヴィッド・レイブソン教授は、これに異を唱える数少ない因習打破主義者の一人である。人が他者に対して不完全な利他主義者であることは、疑いの余地がない。レイブソンは、人は自分自身に対しても不完全な利他主義者になりうると主張する。未来の自分の幸福だけでなく、どうやってその幸福を手に入れるかも気になりかけるからだ。そして、自分の子どもに対する不完全な利他主義が家族の中に葛藤を生むように、未来の自分に対する不完全な利他主義は、心の中に葛藤を生じさせるのだ。

例を挙げてみよう。

誰もが知っている通り、金のかかる道楽が好きだと身の破滅につながる。しかし不完全な利他主義の場合、金のかかる道楽を楽しみにすることが好きだと、はるかにおもしろいかたちで破滅することになる。もし人生最大の喜びが明日の贅沢を楽しみに待つことだとすると、ちょっと困ったことになるだろう。明日というのは動く標的だからだ。月曜日に、豪華なパーティーを火曜日に開くと決めたとする。火曜日になると、楽しみにするという好みを満たすために、パーティーを水曜日に延期する。この延期は、あなたが死んで莫大な遺産を残すまで続けられる。

この話の悲劇は、一生金を使えないことにあるのではない。金を使うのを楽しみにすることさえ絶対にできないということが悲劇なのだ。なぜならあなたには、事の成り行きを、それを展開する以前に予見できる知性があるからだ。もしパーティーを楽しみにすることが好きで、そして自分でそのことを知っていたとしたら、あなたはけっしてパーティーを楽しみにすることはできない（ひょっとすると、ベルトルト・ブレヒトが、「私の人生は、知性で台無しになった」と言ったのは、こういうことだったかもしれない）。これに対する解決策は、可能であれば延期できないパーティーを企画することだ。ケータリング業者の支払いを事前に済ませ、さらに直前のキャンセルのキャンセル料が高い業者を選ぶのである。

私自身、ちっぽけだがむかつく、同種の苦しみを抱えている。私は本当におもしろい本は読まないようにしているのだが、それは楽しみにする喜びを奪われてしまうからだ。もちろん自分のそうした好みを知っているから、けっしてそれを楽しみにすることもできない。そんな私にとっての救いは空の旅である。飛行機におもしろい本を持ち込んで、読まざるをえない状態に自分を追い込むのだ。だがもしこの先、航空会社が例の機内誌を読み応えのあるものに改良してしまえば、一巻の終わりである。

葛藤がないかぎり説明がつかない

私の友人のレイ・ハルトマンは、これと正反対の問題に悩んでいる。

彼は、贅沢を楽しみにするのではなく、未来の倹約を楽しみにすることが好きなのだ。いちばん喜びを感じるのは、ある年齢を過ぎたら、命を長らえるためには財産を使わないと考えるときだそうだ。だが彼にはその「ある年齢」の定義が常に更新されていて、いつでも確実に未来に存在していることが痛いほどわかっている。それで彼は、自分の未来の選択の自由を制限する方法を模索しているのだ。

もしレイが、自分の未来の幸福だけを考えていたとしたら（言い換えれば、未来の自分に対して完全な利他主義者であったとしたら）、整合性がないと非難しても差し支えない。選択肢を制限しても幸せになれるわけはないからだ。しかしレイは、どうやって幸福を手に入れるかについても気にかけている、つまり不完全な利他主義者であるから、したがって整合性はあるということになる。不完全な利他主義者であれば、未来の自分がパーティーを開くこと（あるいは本を読んだり、高額な医療を見送ったり、さらに言えば貯蓄をしたり、禁煙したりすること）を望んでもおかしくない。たとえ、未来の自分がそれを望まないことを知っていたとしても。

「書くことは大嫌いだけど、書き終えることは大好き」と嘆いたドロシー・パーカーは、伝統的な経済学の枠組みにぴったりとおさまる、現在の費用と未来の便益のあいだの日常的なトレードオフを言い表していた。レイブソンのいう不完全な利他主義者たちは、はるかに繊細な問題に直面している。費用と便益をはかりにかけているばかりか、未来の自分との駆け引きも行っているのだ。

ここで、冷蔵庫の鍵の疑問に対するまた新たな答えが浮かび上がってくる。

ここまで私は、冷蔵庫の鍵は、「ホットファッジサンデーはそのカロリーに値すると思っている」あなたと、「そうではないと思っている」あなたの配偶者もしくは未来の配偶者とのあいだの葛藤を解消するものだと主張してきた。だがレイブソンに言わせれば、その葛藤はあなたと配偶者のあいだではなく、現在のあなたと未来のあなたのあいだのものだということになる。

どちらの説が正しいにしても、確実なことがひとつある。あなたと誰かとのあいだに葛藤がないかぎり、冷蔵庫の鍵はやはり説明がつかないということだ。あなたが未来の自分の幸福だけを望んでいるとして、そこに第三者がいっさい関わってこなければ、未来の選択肢を制限する理由などないことになる。

レイブソンの説にはどのくらい信憑性があるのだろうか？　その含意を探らないかぎり、答えを出すことはできない。そこでペール・クルーセルとアンソニー・スミス両教授は、もし世界がレイブソン系の人々でいっぱいだったら、彼らはどのような貯蓄行動を取るのだろうかと問いかけることから始めた。オーソドックスな経済学の理論であれば、二人の人間が同じ好みと同じ機会を持っていたとすると、二人は同じ貯蓄習慣を身につけるものと推測する。クルーセルとスミスは、レイブソン流の好みが横行する世界では、それがあてはまらないと主張する。

それはなぜか。

倹約家か、それとも浪費家か

ここにアルバートとアルヴィンという二人の完全な利他主義者がいるとする。

二人とも、未来の自分が幸福であり、同時に倹約家であることを望んでいる。悲観主義者のアルバートは、未来の自分は浪費家だろうと予測している。楽観主義者のアルヴィンは、生涯にわたって自制心を保てるものと予測している。浪費家になっているに違いない未来の自分に金を散財されてなるものかと思ったアルバートは、今日のうちに全部使い切ったほうがいいと考える。一方、アルヴィンは、貯蓄をしっかりと未来の自分に手渡すという夢を励みにして、貯金しようと考える。

アルバートとアルヴィンの貯蓄行動は、年々拍車がかかっていく。同じ好みと機会を持っていたはずが、片方は貧困のうちに、もう片方は裕福のうちに死んでいくことになるのだ。

その他の含意は、さらに突飛なものである。

アリスは、（節約を望んでいたアルバートとアルヴィンとは対照的に）未来の自分の贅沢を想像することが好きな、不完全な利他主義である。初めは自分が将来も浪費家であるだろうと楽観的に考えていたので、未来の豪華なパーティーに備えてすべての金を貯金に回していた。ところが、自分が「倹約家」になったことに気づいたアリスは、自分の未来の浪費に自信を失い、それなら今日のうちに全部使い切ったほうがいいと考える。するとすぐ自分は「浪費家」なのだと気づき、ふたたび貯蓄に励む。そうして彼女の予想（そしてそこから引き起こされる行動）は、永遠に激しい変動を続けるのだ。

こうして含意を探ることは、レイブソン説を検証するひとつの方法である。もうひとつの方法は、レイブソン流の好みにそもそも信憑性があるのかと考えることだ。不完全な利他主義という仮定は、モーターオイル好きを仮定するのと同じぐらい、軽薄で安直すぎはしないだろうか？　それとも、復讐の本能と同じように、自然淘汰に訴えることで正当化されるものなのだろうか？

こんな思い切った推測はどうだろう？　レイブソン流の好みが目に見えるかたちの自制の試みにつながり、そして目に見えるかたちの自制の試みは将来の配偶者に安心感を与えるということから、自然はそれを淘汰しなかったのかもしれない。この推測が、いくつかのしかるべき検証（たとえば、進化していく好みを持った個体間の、資源をめぐる競争のシミュレーションなど）に耐えるなら、冷蔵庫の鍵をめぐる二つの説をすっきりひとつに結びつけてくれるかもしれない。

宇宙とは純粋にパターンである

ところで、もうひとつの謎である宇宙の起源、あるいは、私が好んで言うところの「いったい、これだけのモノはみんなどこから来たのか？」については、こう考えている。

「宇宙とは、純粋に数学的なパターンである」

何かの中のパターンではなく、パターンそのものなのだ。パターンは、どこからも来る必要がない。それはただパターンとして存在するだけである。宇宙を構成するこの特定のパターンの中には、たまたま複数のサブパターンが含まれていて、それはみずからの存在についてのきちんと意識できるほど複雑なものである。つまり、それが私たちである。

私には、これが絶対的な真実のように思えるのだが、友人の半分は私が完璧に間違っていると考えているし、残りの半分は私の言っていることがまるっきり理解できないでいる。

しかし、それにはもっともな経済学的理由があるのかもしれない。

スティーブン・ピンカーは、宇宙の起源を理解したところであまり役には立たないと指摘する。それを知ったところで、生殖の面で優位に立てるわけでもなく、したがってそのような疑問について考えることができる頭脳を進化させる理由もない。自然はすばらしく優秀なエコノミストだから、そんなつまらない投資をしたりしないのだ。他方で、人間の行動について理解する能力は、「知恵のある人《ホモ・サピエンス》」を含めた社会的動物には明らかに利益をもたらしてくれる。

冷蔵庫の鍵に関する詳細で説得力のある理論を考えだせる日が訪れるのも、そう遠くはないだろう。

第2章

ニュースの読み方

1　人種プロファイリングと新人種主義

なぜ黒人の車を止めるのか

ニュースが抱える問題は、そのほとんどが「大マスコミ」によって報道されている点にある。読者の側はマスコミに対してある種の懐疑主義が必要だ。

事実は正しくても、その解釈が間違っていることもありうるのだ！

「人種プロファイリング」のような、もともと偏見に根ざし、政治的争点でもある問題についてはとくにそうだ。本当に何が起こっているかを知るためには、ちょっとした経済分析が大いに役立つ。

数年前にメリーランド州の州間高速道路九五線を走っていたら、麻薬所持検査のために停車させられたかもしれない。黒人だったらなおさらである。車を止めて調べられる確率は、黒人のほうが白人の三倍も高かったのだ。なぜだろうか？

仮説その一。黒人のほうが麻薬所持傾向が強かったので、警察は黒人を重点的に調べていた。

仮説その二。警察は黒人が嫌いだった。

証拠を調べてみよう。車を止められた白人の〇・三％が麻薬所持で捕まった。車を止められた黒人のうち捕まった割合は、白人とほぼ同じだった。つまり黒人と白人のあいだで麻薬所持の傾向に差はないということだ。やはり警察は人種差別をしているのか⁉

もう一度考えてほしいのは、黒人は、白人の三倍も車を止められる確率が高かったにもかかわらず、黒人と白人の麻薬所持率は同じだったことである。

じつは、当時この場所では、何らかの理由で白人よりも黒人のほうが麻薬所持の傾向がはるかに強かったのに、当局の監視でその傾向が和らげられていただけなのだ。そして、警察は黒人に対してとくに敵意は抱いていなかったということである。それはなぜか？

たとえば警察の目的が、麻薬所持の有罪判決率を上げることだけだった場合、どういうことが起こるだろう。麻薬所持の傾向が強い集団、この場合は黒人から集中的に調べるはずだ。その結果、白人の麻薬所持者は法の網をくぐりやすくなり、黒人のほうは難しくなる。人はインセンティブに反応するから、白人の麻薬所持者は増え、黒人の麻薬所持者は減るだろう。

この傾向は、白人と黒人の麻薬所持が同じ割合になるまで続く。その時点で、それ以上黒人を取り締まる理由はなくなるが、手を緩める理由もない。もし、一時的にでも緩めれば、すぐに黒人と白人の有罪判決率に差が生まれ、そしてまた均衡状態にもどる。

もし、警察が本当に黒人に敵意を抱いているのなら、ほとんどの黒人が麻薬を所持しようと思わなくなるまで、徹底的に取り締まるだろう。すると黒人の有罪率は白人より低くなるはずだ。しかし実際には有罪率は同じなのである。つまり警察は、有罪率が上がるところまでは黒人の車を止めるけれど、それ以上にはやらないということだ。

この基準からすれば、不満に思うべきなのは黒人ではなく、ヒスパニックの人々ということになる。統計的にみると車を止められたヒスパニックの麻薬所持率は、白人や黒人の三分の一にすぎないのである。ではなぜ警察は、麻薬所持率〇・三三％の白人や黒人ではなく、〇・一一％にすぎないヒスパニックの車を止めるのか？　ヒスパニックに何か恨みでもあるのだろうか？

この統計から次の仮説を導き出すことができる。警察は人種に関係なく、できるかぎり多くの麻薬ディーラーを逮捕し、有罪にしたいと考えている。それはよいことなのだろうか？　いや、悪いことなのである！

なぜ悪いかは、政府主導の麻薬撲滅運動である「麻薬戦争」をどうとらえるかによって変わってくる。私と同じように麻薬戦争は非道だと考える人なら、警察が麻薬所持の有罪判決率を最大にしようとしていることを知ると、心を痛めるだろう。

運転手の人種が気に食わないから車を止めるというのは非難されるべきことだが、経済活動を妨害するものではない。警察が一日に一二人の運転手に言いがかりをつけるとしよう。しかしそこで標的にされるのが、黒人か白人か無作為かは大した問題ではないのである。だが麻薬ディーラーを標的にするとしたら、それは大きな問題である。なぜならそれは、麻薬取引を阻止し、麻薬の価格を上昇させることになるからだ。それは、人種差別以上に悪いことなのである。

献身的な「麻薬戦士」なら、麻薬取引を阻止するのは良いことだと考えるだろう。したがって、警察の麻薬所持の有罪判決率を最大にしようとする方針に拍手を送るものと考えられる。しかし本当に麻薬取引を阻止したいのなら、最大にするべきなのは有罪件数ではなく、抑止力のほうだろう。そして抑止力を最大にするには、おそらくもっと白人の車を止めるべきなのである。

黒人を重点的に捜査することは、麻薬所持の逮捕件数を増やすには良いことかもしれないが、麻薬取引を阻止するにはお粗末な方法だ。それは白人に向かって、警察は恐れるに足りないと知らせているようなものである。何と言っても白人の〇・三三％は、黒人の〇・三三％よりもはるかに多くの運転手と、はるかに多くの麻薬を意味するのだから。

つまり、人種によるばらつきのない職務質問を要求してしかるべきなのだ。そうすることで逮捕件数は少なくなるが、抑止力は高められるのである。

このメリーランド州の統計が初めてニュースで取り上げられたとき、ほとんどの番組解説者がその意味を読み誤った。人種差別の証拠だと見た人もいれば、麻薬取り締まりの効果の証明と見た人もいるが、どちらも間違いだったのである。人種差別をする警察なら、もっと多くの黒人の車を止めただろうし、抑止することを考える警察なら、もっと多くの白人の車を止めていたはずだ。

ほんの少し経済的思考を働かせるだけで、みんなの役に立っていたかもしれないのだ。

新人種主義の落とし穴

つい最近まで、アメリカでは、政治方針の中には次のような表現が含まれていた。

「連邦政府の請負事業は、可能なかぎり白人労働者が従事するべきである」

政治家は、黒人ではなく白人を雇用する企業への見返りとして、税制上の優遇措置を要求した。製品が「不適切な」労働者によって製造された場合、それを消費者に警告するという「知る権利法」を支持したのも同じ政治家たちだった。彼らはまた、「白人の製品を買おう！」といったスローガンまで採用していた。

つい最近まで、こうしたことがあたりまえだった。それは本当のことなのである。一つの相違点を除けば、先の文言はジョン・ケリーのウェブサイトから引いたものだ。手を加えた唯一の変更は、ケリーが「アメリカ人」と述べた箇所を「白人」に置き換えたことだけのことである。しかしここで、ケリー上院議員と民主党議員だけを槍玉にあげるつもりはない。二大政党のどちらにも、保護貿易主義者とその同調者がはびこっているのだから。

彼らは、元KKKのメンバーで白人至上主義の元下院議員であるデヴィッド・デュークをはじめとする人種差別主義者が人間を肌の色で差別するのに負けないぐらいの悪意を持って、国籍による差別を行っているのだ。人種差別主義者が道徳的に不快だとすれば、外国人嫌いもまったく同じ理由からやはり不快である。

「ちょっと待てよ」と言われるかもしれない。アメリカ政府は、アメリカ人に尽くすためにアメリカ人によって選出されているのではないのか？　そもそも政府というものは、自国民の利益を優先させるという明確な目的のもとに存在するのではないだろうか？

アメリカ陸軍はアメリカの国土を、ペルーの国土よりも精力的に防衛するという差別をしている。あるいは高速道路をレイキャヴィクではなく、自分たちに都合のいい北米大陸内に建設することで、私たちはアイスランド人を差別している。それならアメリカ政府が、外国人を犠牲にしてアメリカ人労働者に有利な政策を打ち出しても良いのではないだろうか？

たしかにアメリカ政府は、アメリカ人に尽くすためにアメリカ人によって選出されている。南部の保安官の多くが、白人に尽くすために白人によって選出されていたと言える時代もあった。だからと言って、それ以外の人々の権利を踏みにじっていいということにはならない。

防衛や高速道路は、巨大な公共事業である。私たちはそれに対して税金を支払っている。費用を払った者が利益を得るのは当然だ。アメリカ陸軍がペルー人ではなくアメリカ人を守るのは、バーガーキングが、マクドナルドの客ではなくバーガーキングの客に商品を提供するのと同じぐらいもっともなことなのである。

だが、労働市場はそれとはまったく異なる。ゼネラルモーターズ社がデトロイトでアメリカ人を雇おうと、シウダー・ファアレス（メキシコ北部にある都市）でメキシコ人を雇おうと、その経費を持つのは私たちだけではない。それは私たちにはまったく関係のないことであり、関係があると言われても困ることだ。

シウダー・フアレスにいる見ず知らずの人よりも、デトロイトにいる見ず知らずの人のほうを気にかけるのは、単純に醜いことである。もちろん、人はいちばん身近な人々、知人よりも友人、友人よりも家族を大切にする。だが、ことがまったくの赤の他人となると、ほぼすべて同列にするべきだ。

アメリカ人がこう言うのをよく耳にする。

「メキシコ人よりアメリカ人を気にかけるのは、アメリカ人のほうが自分との共通点が多いからだ」

そう言うのがたまたま白人だとしたら、「黒人の他人より白人の他人を気にかけるのは、白人のほうが自分との共通点が多いからだ」と言い換えても同じことである。だからと言って、黒人を雇う企業を罰してもいいということになるだろうか？　いずれにしても保護貿易主義は機能しない。

アメリカ人を「保護する」ことを目的とした法律のおかげで賃金は上がるかもしれないが、同時に物価をさらに引き上げることになり、結果的に私たちの暮らし向きは悪くなる。大事なのは、新しい取引相手を見つけるのも、新しいテクノロジーを見つけるのもまったく同じであると見抜くことだ。MRIデータをインド人に解析してもらうことと、ノートパソコンで作動する賢い新型ソフトウェアに解析してもらうことのあいだには、基本的に何らの違いはない。テクノロジーが私たちを豊かにしてくれるのなら、取引もまた同じである。

もっともこの見解は、ここでの要点からかなり脱線している。ここで言いたいのは、たとえ保護貿易主義がうまく機能したとしても、たとえジョン・ケリー式の保護貿易主義が外国人を犠牲にしてアメリカ人の暮らしを改善することができたとしても、それはやはり間違っているということである。

自分にとって良いことだと考えて保護貿易主義を支持しているとしたら、彼らは経済学の意味をはき違えているのだろう。また、外国人を犠牲にしても同胞のアメリカ人にとって良いことだと考えて保護貿易主義を支持しているとしたら、道徳の意味をはき違えているのである。

外国人が生計を立てる権利を否定することで自分たちが豊かになってもいいのであれば、なぜ平和な国を侵略して人々の財産を奪って豊かになることは許されないのだろうか？　しっぺ返しを恐れるからだけではなく、ほとんどの人間がそれは好ましくないことだと考えるはずだ。そう思うのは、肌の色や住んでいる場所に関係なく、人間には人権があると考えるからにほかならない。

相手がどこの国の生まれであろうと、人の財産を奪うのが間違いであるように、人が生計を立てる権利を奪うのも大きな間違いなのである。

2　災害援助とバグダッドの略奪

ありがた迷惑な災害援助対策

テレビ画面に映る被災者の姿に、「政府の援助を！」と願うのは無神経な人間のすることだ。もし被災者が貧しい人々なら、なおさらのことである。

「ハリケーン・カトリーナ」がニューオーリンズに壊滅的な被害をもたらしたとき、連邦政府は被災地の復興と被災者の救済のため、慌てて二〇〇〇億ドルを投じた。政府はそのたった一回の軽率な行動で、アメリカ中の貧しい人々の暮らしを、さらに困難なものにしてしまったのである。それはなぜか？

辛うじて生計を立てているような貧しい人々は、裕福な人々よりもはるかに生活費を気にしている。少しでも安い服、安い商品、そして安い家を求めているのだ。安い価格の家なら、氾濫地に住んで、ときどき壊滅的な打撃をこうむるリスクも厭うことはない。ニューオーリンズでカトリーナの打撃を受けたのが貧困層に集中したのはそういうわけだ。海面より低い地面に住んでいたからである。

住宅について言うなら、それぞれの都市、それぞれの地域は、それぞれの快適さとリスクと住宅費をパッケージにして提供している。つまり、人々には選択肢というものがあるのだ。安いけれど危険な地域に住むか、高い金を払って安全な地域に住むか。どちらかを選ぶことができるのだ。

ところが政府の災害援助政策は、全員に洪水のリスクを分散させ、結果的に住宅費を似たようなものにして、人々から選択肢を奪っているのだ。もし政府がカンザスシティの税金を上げることでニューオーリンズを救済する用意があると言うのなら、ニューオーリンズの住宅費は上がり、カンザスシティでは下がるだろう。税金が上がるために、これでカンザスシティに引っ越すことで洪水のリスクを回避することはできなくなる。そしてニューオーリンズに引っ越すことで、リスクを受ける代わりに得られた便益を手にすることもできなくなるのだ。

これでは誰にとっても喜ばしい改善とは言えないだろう。リスクを甘受することを選んだ人は、それまでより高い住宅費を払わざるをえなくなり、安全に暮らすための出費を選んだ人は、税制を通して他者のリスクを負わされるのだから。

各州の均質性というテーマは、ニューオーリンズが常に立ち向かってきたことなのである。異なる文化を持つ都市があり、異なる音楽的遺産を持つ都市があり、そして異なるリスク特性を持つ都市があるから良いのだ。このような違いなくして、どうして多様性を祝福することができるだろう。

安い住宅を選ぶのは、圧倒的に貧しい人々である。災害援助対策によって安い住宅が高くなると苦しくなるのも、圧倒的に貧しい人々なのである。

もしここで、「貧しい人々が貧しいこと」がそもそも間違っていると言う人には、それなら洪水が起こらなくても問題提起ができたはずだと反論することができる。貧困層の存在を前提にしたとき、災害援助金を支給する（これは良いことである）のと同時に、住宅費を高くする（これは悪いことである）としたら、最終的に貧しい人々の暮らし向きは良くなるのか、それとも悪くなるのか？　この問題に関わりたくないというのであれば、何が本当に貧しい人々のためになるのかには関心がないと宣言しているようなものである。

洪水の起きやすい土地に住む人々に、住宅費への影響なく援助を保障することは、まず不可能である。そして、一方的な援助は貧しい人々にとってはありがた迷惑ではないのかと自問することもなく、貧しい人々のことを第一に考えているなどと口にするのは、ふまじめだとしか言いようがない。

バグダッドの略奪で何が失われたか

二〇〇三年、混乱状態に陥ったバグダッドで、国立博物館に略奪者が押し入り、何百もの土器や置物や石板、その他たくさんの役に立たないがらくたが奪われるという事件があった。その中には二六〇〇年前のハープもあったそうだ！　そんな古い楽器より、インターネットで無料ダウンロードできる音楽のほうが、はるかにいい音色を奏でるに決まっているのだけれど。

こんなことを言うのも、私がウェブマガジン『ストレート』誌のコラムで、「ピーナッツバターの壺を持ち逃げした略奪者などどうでもいい」と書いたところ、「それは博物館のものですよ！」という趣旨のメールが殺到したからだ。

博物館だからどうだというのだ？　バグダッド国立博物館のコレクションのほとんどは五〇〇〇年前のものだ。もしそんなものが私の家のガレージにあったとしたら、とっくの昔に道端に掃き出してしまっている。

事件発生から二四時間も経たないうちに、西洋諸国の新聞各紙の社説を飾ったのは、この略奪事件をアレクサンドリア図書館の焼失にたとえた記事だった。私に言わせれば、勘弁してほしいたとえ話である。アレクサンドリア図書館は何よりも有益な知識の宝庫であり、知識そのものが発展した場所だったのである。アルキメデスとヘロンが水力学を発明し、エラトステネスが地球の円周を測定したのがアレクサンドリアだったのである。古代における最先端の医学や天文学や数学は、ほとんどアレクサンドリアから生まれたのだ。そんな世界を揺るがすような発見が、バグダッド国立博物館でなされたことがあっただろうか？

博物館の収蔵品の価値はどこにあるのだろうか？　偉大な芸術作品が失われてしまったのだろうか？　もちろんこれらの作品は、当時、紀元前三〇〇〇年頃はすばらしかっただろうが、芸術の技法はそれからもずいぶん進歩している。もちろん収蔵品の中には、残っていればその壮麗さで訪れる人を恍惚とさせ、驚異を与えたものもあったかもしれない。だが略奪による悲劇の度合いはアレクサンドリアの比ではない。

つまり、バグダッドの略奪は、一〇年間に数回起こるぐらいの悲劇であり、二〇〇〇年に一度の悲劇ではないということなのだ。

それに本当にすばらしい作品なら、間違いなく写真が残されているはずであろう。オリジナルに叶わないかもしれないが、世界の九九・九%の人は、写真でしか実物を目にしないのである。それが、アレクサンドリアとバグダッドのもう一つの大きな違いである。アレクサンドリア図書館に収蔵されていた知識のほとんどは、オリジナルとともに失われてしまった。しかしバグダッドに収蔵されていた知識のほとんどは、マウスのクリック一つで検索できるのだ。

では、歴史という観点からはどうだろうか？　文明の起源について、もはや知ることができなくなった事柄があるのではないか？　しかし、それが何だと言うのだろう。歴史好きの私にとって、まだまだ学ぶべき歴史はたくさんある。もし今回の略奪で、古代シュメール文明に関する本が一冊失われたのだとしたら、私は代わりに中世イングランドに関する本をもう一冊読むことにするだろうし、そのことでとくに何かを奪われたと思わないだろう。世界の九五%の人よりは歴史オタクであることを自認するこの私が、古代バビロニアの遺物がなくなったことをさほど気にしていないというのに、どうして他の人々がそれほど気にすることがあるだろうか。

過去の知識はきわめて貴重なものである。だからと言って、過去の知識を構成する個々の断片もきわめて貴重だということにはならない。そういう意味で、古代の遺物は水によく似ている。全体として見れば、値が付けられないほど貴重なものだ。私たちは、水がなくては生きてはいけない。しかしだからと言って、バケツの水をこぼすたびに嘆く必要はない。世の中には、まだまだ十分な水があるのだ。同様に、古代の遺物も全体として見れば、私たちの人生をさまざまなかたちで豊かにしてくれる。しかしだからと言って、博物館が略奪されるたびに嘆く必要はない。世の中には、一生分の好奇心を満たしてくれる古代の遺物があるのだ。

バグダッドで失われたもののせいで、自分の人生がずいぶん不幸なものになったと思うなら、もう少しましな人生を歩むべきだと私は思う。この宇宙には、すべてに思いを馳せることなどできないほど面白いことがたくさんある。一つがなくなったら、別の何かで埋め合わせればいいのである。

古代の遺物は高価でかけがえのないものだから、社会的価値も大きいと考えてしまうのは大きな誤りだ。この考えが間違っている理由はいくつかある。

第一に、こうした遺物が高価なのは、博物館の学芸員たちが、人の金を使ってそれらをめぐる競争を繰り広げているからにすぎない。五〇〇〇年前の石板を欲しがる市場など、他にあるだろうか。

第二に、こちらの理由のほうがずっと重要だが、芸術作品の社会的価値が価格にきちんと反映されているとはかぎらないということだ。芸術作品は、世間の目を互いに奪い合うからである。

ベストセラー本についても同じことが言える。ダン・ブラウンの『ダ・ヴィンチ・コード』は全米で七五〇〇万部以上を売り上げ、著者に二〇〇〇万ドル以上の収入をもたらしたそうだ。だからと言ってこの本がなければ世界が二〇〇〇万ドル分不幸になるというわけではない。『ダ・ヴィンチ・コード』が刊行されていなければ、注目されなかった別の本がその年の大ベストセラーになっていたかもしれないし、読者も同じぐらい満足していたことだろう。

つまり本は、オレンジではない。もしあなたが世界一美味しいオレンジを作ったとしても、二番目に美味しいオレンジも誰かの口に入る。だがあなたが世界一面白い本を書いたとしたら、二番目に面白い本はたくさんの読者を失うことになる。したがって、オレンジの市場価格はその本当の社会的価値をみごとに反映しているが、ダン・ブラウンの二〇〇〇万ドルの大部分は、他の著者から自分に引き寄せることができた分をみごとに反映しているにすぎないのだ。

つまり本を書くことや芸術作品を制作すること、あるいは遺物を保存することには、重要な外部性があるということだ。この本を書いたために私は、この本がなければあなたが読んでいたかもしれない別の本の著者に費用を負わせることになる。しかし執筆を決めたとき、私はそうした費用を考慮に入れていなかった。つまりこの本を書くことが、社会にとって有害な行為となる可能性は十分にあるということだ。

もっとはっきり言えばこういうことだ。あなたにとってこの本が二〇ドルの価値があるとして、この本がなければ読んでいたはずの本の価値が一八ドルだとすると、私はあなたの人生を二ドル分良いものにしたということになる。

そしてバグダッドの宝物も、おそらくこれとまったく同じ理由から、はるかに過大評価されているということなのである。

3 地球の温暖化と地元の過密化

二酸化炭素を排出することのやましさ

自分の車が地球温暖化の一因となっていることに、罪の意識を感じることがあるだろうか？　そういう人は「テラパス」を買えばいいのだ。

「テラパス」(http://terrapass.com/) にアクセスして簡単な質問に答えれば、あなたの良心をなだめるためにいくら払えばいいのかすぐにわかるのだ。テラパス社があなたの出資金を、クリーンエネルギー・プロジェクトの資金に充て、その分あなたの車の二酸化炭素排出量が相殺される仕組みである。

なかなか気の利いたアイデアだと思うし、こうしたことをやろうと考えた気持ちには拍手を送りたい。だがこの仕組みにはいくつかの点が見落とされている。

まず、排出された二酸化炭素はたしかに費用を波及させるものだから、防止すべきである。ゆえに「ガス税」の導入には意味がある。しかしテラパスはここで二つの大きな失敗を犯している。

第一に、テラパスを購入しようと考える程度に罪の意識を感じている人だけに「課税」していることだ。おそらくそういう人々は、ショッピングセンターに車をぶっ飛ばして行くことが環境に与える影響について、考えたことがある人々のはずである。

第二に、ガス税と違ってテラパスは、あともう一マイル（約一・六キロ）運転することの費用をいっさい課そうとしていない。だが、まさにそれこそ、インセンティブを正しく調整するために必要なことなのだ。

テラパスの計算によると、私の車の型式と年式だと、年間走行距離が二万マイル（約三万二〇〇〇キロ）以下の場合、四九・九五ドル支払うことになっている。二万マイルを超えると七九・九五ドルになる。つまり、走行距離が一万マイル（約一万六〇〇〇キロ）から一万二千（約一万九二〇〇キロ）、一万五〇〇〇マイル（約二万四〇〇〇キロ）と徐々に上がっていくあいだ、いっさい追加の費用を感じさせないということである。しかし肝心なのは、一マイル運転するごとに波及する費用を実感させることなのだ。

もう一つの問題はテラパス社が、クリーンエネルギー・プロジェクトに資金提供することにこだわる点にある。私の四九・九五ドルは、クリーンエネルギー・プロジェクトに回されるより、インディーズバンドの後援や、ゼネラル・エレクトリック社への投資に使われたほうがずっと役に立つかもしれないのだ（役に立たないかもしれないが）。

社会にとって有害な行動に課税し、その税収を社会にとって可能なかぎり有意義な用途に回すことは理想である。一種の擬似税制であるテラパスの場合も同じことだ。酒税をアルコール依存症の治療に割り当てなければならない理由がないように、テラパスの収入も環境浄化に割り当てなければならない理由はない。

テラパスの最大の難点は、比較的小さい波及費用にこだわる一方で、それよりずっと大きな費用を無視しているところにある。私の二酸化炭素排出量がもたらす損害は、年間五〇ドルぐらいのものだ。ところが公道をふさいで駐車することのほうが、はるかに大きな費用を人々に押し付けているのである。

UCLAのドナルド・シャウプ教授は、義務づけられた無料または低価格の駐車場がもたらす社会的費用がまさに驚異的な数字になること、そしてその推定される補助金額はメディケア（高齢者向け医療保険制度）経費や国防費にも匹敵することを指摘した（シャウプ教授は、この件に関して考察を重ねた著書『The High Cost of Free Parking』［未邦訳］を上梓している）。

都会の路上駐車スペースの価格は、たいていが安すぎる。だからいつも空きがないのだ。

路上駐車をいっさい廃止して、その土地を店舗やカフェや、走行車線を追加するために開放したほうがずっといいはずだ。駐車スペースはさらに見つけにくくなるが、そうすれば多くの人が公共交通機関を利用することになり、八方がうまくおさまるのである。

路上駐車することのやましさ

道路をふさぐことに罪の意識を感じないのに、空気を汚すことには罪意識を感じるのはおかしな話である。都市の過密化よりも地球の温暖化のほうがずっと大きな問題だという主張は、たしかにそうかもしれないと思わせるものがある。だがここでの論点は、地球温暖化にどれだけ関与しているかという点と、都市の過密化にどれだけ関与しているかという点を比較することなのだ。典型的なドライバーにとって、後者のほうが前者よりはるかに大きい問題であることは間違いない。

たとえ車で都心に乗り入れたことがない人でも、問題の一端を担っている。ほとんどの郊外のショッピングモールの駐車場は、誰でも絶対に満車のエリアに駐車しようとするからだ。だがそこから離れた周辺エリアは常に遊んでいる状態にあるため、その土地が社会的に価値のある目的に利用されなくなっている。そして、車で来る買い物客が一人増えるごとに、義務づけられる駐車場の広さも大きくなるばかりなのだ。

自分が環境を汚染しているのではないかと気にするのはすばらしいことだが、環境を構成しているのは、私たちが吸い込む空気ばかりではないと心にとめるのもすばらしいことである。環境の中には、混雑した歩道やガラガラのばかでかい駐車場も含まれるのだ。そうした広い視野のもとに立っている人たちの「テラパス」があっていいかもしれない

あるいは単純に、駐車料金を適正にするのはもっといいことだ。

シャウプ教授が指摘するように、私たちはすでに駐車のために高い代償を払っている。ただその費用は、「消費者、投資家、労働者、居住者、そして納税者としての立場」で間接的に支払っているだけなのだ。

そうではなく運転者としての立場で直接支払うようになれば、足もとにある乏しい資源、すなわち駐車スペースを大切にしようとするインセンティブが生まれることになる。環境問題に関心がある人なら、

誰でもこの目的の崇高さがきっとわかるはずだ。

4　第三世界の児童労働

貧しい親はなぜ子どもを働かせるのか

アフリカ探検家にして伝道医師、ヴィクトリア朝の英雄だったデヴィッド・リヴィングストン博士は、一〇歳で仕事に就き、地元の紡績工場で週八四時間の労働に従事していた。それは、一八二〇年代の英国の子どもとしてはごくありふれた生い立ちだった。そのリヴィングストン博士が、現代のアメリカで春の恒例となった行事を目にしたら、さぞ困惑することだろう。

胸ポケットにPDA端末、尻ポケットにiPOD、履歴書には年間二万ドル相当の教育といった大学生たちが、キャンパスに集ってビールを飲み、フリスビーに興じたりしながら、第三世界の児童労働に抗議の声を上げているのだ。

この学生たちが、餓死寸前のアフリカの子どもたちに送っているメッセージはこうだ。

「ゆっくりくつろいで、もう少し気楽に生きようよ」

労働時間と労働環境を制限することで第三世界の子どもたちを「守る」という、通商協定を求める声の中身はこういうことなのだ。子どものころの労働の報酬で医学を学び、心の底からアフリカの繁栄を願っていたリヴィングストンなら、もっと違う助言をしていたことだろう。

第三世界の人々は貧しい。一九世紀なかばのイギリス人やアメリカ人と同じぐらいに貧しい。貧しいということは、つらい選択を強いられることである。もっと働くか、食べる量を減らすか。どちらの選択肢もけっして望ましいものではないけれど、実際にその選択の結果を受け入れなければならないアフリカやアジアの人々よりも、ミドルクラスの欧米人のデモ参加者のほうが賢い選択ができると考えるのは、思い上がりもいいところである。

第三世界の人々の選択は、私たちもまだ貧しかった一九世紀の欧米人の選択とほぼ同じである。環境の心配などしないし、家族と良質な時間を過ごすこともない。その代わり、食べていけるだけの金を稼ぐために、きつくて汚い労働に長時間就いているのだ。そしていつの時代も貧しい人々がそうしてきたように、彼らは子どもを働きに出している。

一八六〇年のイギリスでは、一〇歳から一四歳までの少年の三七%が「有給の職に就いていた」という。しかも当時の有給の職とは、週六〇時間以上の労働を意味していた。現代のアフリカでは、それは三〇%以下であり、インドではさらにその半分になっている。つまり歴史的な標準からすると、現代の児童就労率はどちらかというと低いということになる。

景気が良くなれば、子どもたちは労働力から抜けていく。アメリカでは、一八九〇年から一九三〇年のあいだに一人当たりの国民所得は七五%上昇し、児童就労率もほぼ同じ割合で低下した。第三世界でも、一九五〇年以降、児童労働は着実に減少しており、その要因の一つは、まだとてつもなく低いとはいえ所得水準の向上にある。

ではなぜ、第三世界の親は自分の子どもを劣悪な条件のもと低賃金で働かせているのか？　第一世界の企業やその他の外部からの圧力に屈しているからだろうか？　だが、ヴィクトリア朝イギリスには外資系の企業などなかったにもかかわらず、子どもたちは働いていた。だから、児童労働は、明らかにある程度の貧困に対する自然な反応であると考えられる。

もし、子どもの幸せを願ってやまない親が子どもたちを働きに出しているのであれば、過酷な貧困を経験したことのない恵まれた西洋人がとやかく言うのはひどく残酷なことである。そして歴史は、子どもを働かせているのは部外者ではなく親であることを物語っている。

労働環境基準の押しつけがましさ

第三世界の親は、心から子どもたちの幸せを第一に考えているのだろうか？　その答えはどうも、イエスのようだ。

複数の調査から、発展途上国のほとんどの親が、生活に余裕ができるとすぐにでも子どもたちを働きに出さなくなるということがわかっている。これは第三世界の親が、子どもを大切に思っていることの証明だと言っていいだろう。

西洋の歴史が経験したことと、第三世界の現状とで大きな違いがあるとするならば、私たちが貧しかったころ、周りに裕福な人などいなかったという点である。したがって、むかしの西洋では誰も助けに来てはくれなかったのだ。

だがインドやアフリカが貧困にあえいでいる「今」という時代、私たちは手を差し伸べられるほど豊かになった。だから私たちの中には、彼らを援助する道義上の義務があると考える人もいれば、その必要はないと考える人もいる。しかしどちらの立場を取るにせよ、第三世界を貧しいまま放置したうえ、適切な対処メカニズムまで否定するのは、道義的にも実際的にも意味のないことである。

欧米人には、海外の貧困を軽減する道義上の義務があるのだろうか？　そうだとしたら、私たちは第三世界にバケツに何杯もの現金を送るべきである。この問題に関してきちんとした国民的討論を行うのは有益なことだろう。だが、「労働搾取工場反対運動」がその討論に有意義な貢献をしてくれると考えるのは大きな間違いだ。労働搾取工場を閉鎖したところで、海外の貧困を軽減することになりはしない。それどころか、貧困のために余儀なくされた厳しい選択に対して、人々の反応を定めてしまうことになるのだ。中でも「労働搾取工場反対運動」を繰り広げる人々が支持する反応は、アメリカ国内でも海外でも、いまだかつて貧しい人々の役に立ったためしがないのである。

「労働環境基準」を人々に押しつけたところで、貧困から救い出すことはできない。それどころか、きれいな空気やきれいな水や余暇といった、金持ちのおもちゃを無理やり買わせることになるだけだ。きれいな空気や水や余暇の、どこが贅沢なのだと思ったとしたら、それはあなたがアメリカ人だからだ。

現代のアメリカ人は、最貧困層に属していても、あまりも豊かになりすぎて、本当の貧困がどういうものか忘れてしまっている。だが、あなたの祖父母のそのまた祖父母なら、それがどんなものか教えてくれたかもしれない。本当に貧しければ、きれいな空気など買う余裕はない。一八七〇年代のアメリカで、環境問題を憂えていた人間など一人もいないのだ。

もしあなたが、労働や環境に関する第一世界での決めごとを第三世界に押しつけることで彼らの暮らしが良くなると信じているのなら、なぜそこでおしまいにするのだろうか？　なぜ彼らも全員ソニーのプレイステーションを買うように要求しないのか？　私たちはソニーのプレイステーションを購入し、それで満足しているのに。

その理由は言うまでもなく、私たちにはプレイステーションが買えるが、彼らには買えないからだ。労働搾取工場反対運動のデモ参加者たちが、傲慢にも押しつけようとする「労働環境基準」についても同じことが言えるのである。

第3章

すべてを正す方法

1 政治を正す方法

すべてをうまくおさめる方法

あなたがいちばん近い時期に、オーバーブッキングのため飛行機の座席からはじき出されたのはいつのことだったろうか？

ジュリアン・サイモンというエコノミストが「座席を譲るように乗客を買収する」という奇策を考えつくまでは、このような事態はかつてよくあったことなのである。娘の結婚式に出席するにもクジ運に頼らなければならなかった日々も、今は昔の物語である。

それと同じぐらい昔の暗黒時代、アフリカの象は乱獲のせいで絶滅の危機に瀕していた。狩猟禁止法は、密猟者相手にはほとんど何の効力もなかったのである。ジンバブエの役人が「象を周辺の村人たちに譲り渡す」という奇策を考えつくまでは。象を狩っては次の場所へと移動していく密猟者と違って、村人たちは、今日生かした象は明日も自分たちのものであることを知っている。だから密猟者と違って、彼らは必要な数の象を捕獲するだけで、密猟者を追い払うことに精を出すようになった。その結果、村は繁栄し、象の数も急増した。

もっと早く、誰かがこの奇策を思いついていれば、乱獲のせいでマンモスが絶滅したり、アメリカバイソンが絶滅の危機に瀕することもなかっただろう。これに対し、肉牛が繁栄を続けている理由は、ジンバブエの象が生き残った理由と基本的に同じである。それは誰かが所有しているからだ。

どちらも、実は同一の法則を表している。人がその行動の費用を意識するときに、物事はうまく運ぶということだ。私の座席に座る代わりに、あなたは金を受け取るチャンスを見送ることになる。今日、象を捕獲すれば、明日、所有する象の数は少なくなる。肉牛をうまく太らせることができなければ、破産する。

だからこそ、コカ・コーラ社が新しい機能を備えた自動販売機を発表したとき、世界中のエコノミストはこぞって称賛したのだ。

その自動販売機は、天気を観測して、暑い日には自動的に高い値段を設定するようにつくられていた。私たちが称賛の拍手を送ったのは、何もコカ・コーラ社の決算にもたらす影響に対してではない。なるべく多くのコカ・コーラが、本当にのどが渇いている人に行き渡る「すばらしいアイデア」だと思われたからだ。自販機はよく売り切れになる。暑い日はとくにそうだ。そんな日には、自分よりものどが渇いている人のために自販機に多くの商品を残しておこうと、ほんの少しでもいいから考えるべきではないか。もしあなたが私のコカ・コーラを飲んでしまうというのなら、私がどれだけそのコカ・コーラを必要としていたかに見合う価格を払うことで、私の思いを感じ取るべきなのだ。

しかし一般市民はそうは思わなかった。コカ・コーラ社は結局その新しい自販機から手を引いたのである。

「飛行機の座席を譲って金をもらおう」という企画のほうに人気がある理由は、航空会社が自分たちに支払っているように感じられるからだ。反対に「暑い日のプレミアム付きコーク」が不人気なのは、自分たちがコカ・コーラ社に支払っていると感じられるからだ。

しかしそれもすべて、ものの見方の問題である。コカ・コーラ社は、「暑い日にはプレミアムを払ってもらいます」と言うのではなく、「寒い日は割引になります」と言えばよかったのかもしれない。そんな単純な言い換え一つで、このすばらしいアイデアは活きたかもしれないのだ。

技術者は、いかにして自然の力を活用するかを考える。エコノミストは、いかにしてインセンティブの力を活用するかを考える。私たちの繁栄は、その両方に支えられているのだ。

思い立ったらすぐさまニューヨークを飛び立って東京に行けるのは、誰かが飛行機の造り方を考え出し、誰かがその飛行を保証する方法を発案したからだ。コンピュータが入力された文章を活字に組めるのは、誰かがソフトウェアに記憶する方法を編み出し、誰かがそんなリスキーな業種に資金を提供する方法を思いついたからだ。

マイクロソフト社はソフトウェアを作り出す。アメリカの著名な投資銀行家であるマイケル・ミルケンは「ジャンクボンド」(信用格付けが低くて利回りが高い債券)を生み出した。どちらのほうが重要なのだろうか？　利益を社会に対する貢献度をはかる尺度とするなら、いい勝負である。コンピュータ革命の黎明期にあたる一九八〇年代、マイクロソフト社の年間の経済的利益は、ミルケンの年間所得とほぼ同額の六億ドルだった。

当初、ジャンクボンドを発行するなどという考えは、象を村人に譲るのと同じぐらい常軌を逸していると考えられた。革新的なアイデアは、人々のあいだに根づくまでは狂気じみたものに思われるのが常である。そのことを念頭に置いて、いくつかのアイデアを皆さんにご披露したい。

私の政治制度改革

もしも私がアメリカの政治制度に一つだけ変更を加えられるとしたら、すべての有権者に一票だけ与えられた選挙の投票権を二票にしたいと思う。一票は自分の選挙区に、そしてもう一票は自分の好きな選挙区を選んで投票できるという制度変更だ。

仮にウェストバージニア州の上院議員が、莫大な額の連邦税を地元への助成金に転用したとする。彼は、その金を提供した有権者から投票日に集中攻撃される可能性があることを覚悟しなければならない。民主主義が抱える問題は、政治家が「出資者やロビイストにへつらう」という点にあるのではない。政治家が「他人の金を使って地元の有権者にへつらう」という点にあるのだ。言い換えれば、政治家には自分の行動の費用を考えるインセンティブがほとんどないことが問題なのである。効果的な政治制度改革は、そのインセンティブを政治家に提供することから始まる。

私のもう一つの改革案は、選挙区を「地域」ではなく「アルファベット順」に区切ることである。

デラウェア州中部やコロラド州北部を代表する国会議員ではなく、名前がＡＡからＡＥで始まる人や、ＡＦからＡＨで始まる人といったグループから議員を選出するのだ。そうすれば、議員が地元に助成金を持ち帰るようなことは難しくなる。税収をある特定の地域に振り替えるプロジェクトを考えることは簡単なことだけれど、たまたま名前がＱで始まる人にきっちり振り分けるような仕組みを作り上げるのは至難の業だろう。

この改革には、副次的なメリットもある。議員が事務所を置いて地元の有権者に「便宜」をはかる、ということをできなくなるという点だ。「便宜」というのは規制上のややこしい手続きを省くための手助けといったことである。そもそもこうしたややこしい手続きの多くを簡略化させることで政治家たちは点数を稼いでいるのである。

そうでなければ、たとえば「米国障害者法（ＡＤＡ）」といったものをどう説明すればいいのだろうか？　なぜ、企業は誰も使わない「車椅子用スロープ」の設置を義務づけられているのだろうか？

その答えは、政治家がその免除を売ることができるからである。スロープを設置せずに済むよう監督機関にとりなしてもらう代わりに、その議員に寄付をしたり、選挙ポスターの掲示スペースを貸したりするわけだ。しかし、その免除の価格を下げないためには、政治家もそう気安くばらまくわけにもいかない。その結果、不必要な車椅子用スロープがあちらこちらに出現することになるのである。

実際、米国障害者法は、三階建てのビルの多くに、司法長官の免除がない場合はエレベーターを設置するよう義務づけることで、本来の目的を喧伝しているようなものだ。司法長官はそうして、たくさんの友人を得ているに違いない。

立法者がエレベーターや車椅子用スロープの設置を要求するのは、ギャングが事務所を訪ねてきてさりげなく危害を加えるのと同じ理由からである。そうすることによって、あなたや周囲の人間に保護料の意味を思い知らせるのだ。そんなたかり屋が仕事をしやすくすることは、問題の解決策とはならない。同じように、政治家が有権者に便宜をはかりやすくすることも、効率の悪い政府の解決にはならないのだ。

私が数えてみたところ、この四年間に少なくとも二〇の州の現職知事が、いかに自分が商取引の規制を緩和することで、何千という新しい仕事の口を作ったかという自慢話をしている。経済活動を抑制する規制を作っておきながら、それを緩和する寛大な処置によって、生産活動が活発になったと自分の手柄にしてしまうのだ。州知事たちは、住民にこういった恩恵を与えることでどれだけの政治的忠誠心を獲得してきたことだろうか。そもそもそういう選択肢がなかったとしたら、規制がそれほど厄介なものだったかどうかは疑わしいのだ。

さらに「連邦所得税率」についても、選挙区ごとに、選出議員の投票記録に応じて決めてもらいたいものだ。

多額の支出法案に賛成票を投じた議員の選挙区民ほど、税金も高くなる。そうすれば、選出した議員の動向を把握できない有権者の問題も解決するはずだ。そんなことをすると、純粋に国益となる支出法案に対しても議員が賛成しなくなる心配があると言うのであれば、たとえば七〇%を超える圧倒的多数で可決された支出法案は除外するということでもかまわない。

税制改革に着手したところで、この際源泉徴収もやめて、すべての税金を四月一五日に支払うことにしたらどうだろう。どれほどの費用を自分たちが政府に支払っているかがよくわかるはずだ。ここで言うすべての税金とは、消費税も含めた文字通りすべての税金のことである。店側はレジで消費税を請求する代わりに、レシートのコピーを政府に送付する。四月一五日になると、一年分の消費税の請求書が送られてきて、それを所得税の全額と一緒に支払うことになる。

請求書は、項目別になっていることが望ましいだろう。そうすると国防や福祉に、あるいはホワイトハウスが「宗教的奉仕活動支援室」を通して人に宗教を押しつける行為に対して、自分がどれだけの税金を支払っているか正確に把握することができる。

もちろん、この税制改革が目ざすのは、有権者がより情報に通じるようになることである。しかしそれだけではまだ十分とは言えない。必要なのは、有権者が強く動機づけられることなのだ。つまり、採決する政策の費用と便益を有権者が意識するということなのである。

したがって、一八歳以上の人間は、飲酒年齢に関する法案に対して投票するべきではない。三〇歳の人なら、飲酒年齢を二一歳、あるいは二九歳に引き上げることに何の抵抗もないだろう。彼らはゼロに等しいような費用で、街中から酔っ払いの若者が減るという便益を得るのだから。

だが一八歳の人間は飲酒年齢を引き下げることで、数々の費用と便益に直面することになる。今すぐ酒を飲み始めてもいいが、三〇歳になったときには酔っ払った一八歳の連中に目をつぶらなければならない。あるいはあと二、三年だけ辛抱をすれば、法的に許された酔っ払いの若者に一生悩まされずに生きていける。これこそがまさに、片方を追求すればもう片方を犠牲にせざるを得ないという「トレードオフ」なわけだが、普通の一八歳の若者がどちらを選ぶのか、私にはわからない。しかし決断を下すべき人間は彼らなのである。

同様に、六〇歳の人に社会保障政策について投票させるのもばかげたことだ。社会保障を充実させる費用と便益を感じるのは一八歳のほうなのだから。一八歳の若者の六〇歳になる祖父が感じるのは便益だけである。したがって、若者のほうが政策決定者としてははるかに適任なのだ。

行政機関のインセンティブを正す方法

行政機関のインセンティブについても調整しなければならないだろう。

エコノミストたちは、「食品医薬品局（FDA）」には新薬の承認に慎重になりすぎるという、おかしなインセンティブがあるとたびたび主張する。ところが、承認された処方箋薬がきわめて有害だとわかれば、FDAに非難が集中する。反対に、安全性に問題のない新薬を承認せずに、あるいは承認が遅れたことで、あるいは承認審査に費用がかかりすぎるため新薬が開発されずに人が死んだとしても、FDAはほとんど責任を追究されないのである。

たとえば自分の弟が、FDAが承認を出さず、市場に流通するのを止めていた薬があれば治っていたかもしれない奇病で死んだとしても、あなたはおそらく、FDAではなく奇病のほうを恨むはずだ。

さまざまな実証的研究が、FDAの承認審査のせいで失われた命の数を推定している。だがそんな数字など見なくてもインセンティブが狂っていることぐらいはわかるはずだ。そしてインセンティブが狂っているとき、往々にしてその結果はひどいものになる。

一つの解決策は、ＦＤＡの委員の報酬を現金ではなく製薬会社の株で支払うことだろう。そうすれば、彼らは新薬を速やかに世に出すことの費用と便益の両方を得ることになる。それでも完璧とは言えないが、現状よりはずっと良くなることは間違いない。

さらに言うと、航空監督機関には航空会社の株で、自動車の安全監督機関には自動車会社の株で、司法省の猥褻物監視委員にはインターネット関連株で給料を支払えばいいのだ。

そしてアメリカ合衆国大統領の場合、彼の仕事というのはこの国を暮らしやすい場所にすることである。大統領が良い仕事をすれば、この国に住みたいと願い、この国における自分の未来像を描く人が増えるだろう。それを測るのに最適なものさしは、土地の価格である。そこで合衆国大統領の給料を、不動産の「リスク分散表」のかたちで支払ってみるとどうなるだろうか？

カリフォルニア州モントレーの海沿いの土地を一区画、ノースダコタ州の農場を一つ、ボストンの繁華街にある駐車場を一つといった具合である。そうしてみれば、大統領が特定の地域に肩入れすることもなくなるかもしれない。そして、たとえば医療用マリファナの使用に対する自分の立場を決めるときも、大統領の金銭上のインセンティブは、ただ一つアメリカ合衆国をより良い、ひいてはより高価な場所にすることに置かれるはずだ。

所有する土地が多くなればなるほど、より賢明に統治しようとするインセンティブは強くなる。理想から言えば、大統領がアメリカの全土を所有するのがいい。さらに長期にわたってインセンティブを正しく働かせるためには、彼の愛する子どもたちがすべてを相続することにすればいい。しかし残念ながら、こうした利点を考慮したとしても、「世襲君主制」は多くの点で満足できないものであることが証明されているので、私もお薦めする気にはならないのだけれど。

効率の悪い政府は公害のようなものである

行政機関の改革について言えば、凝り固まったいくつかの省庁を廃止してしまえばいいかもしれない。問題は、農務省や商務省、労働省といった省庁には強力な支持基盤があるため、一つずつ廃止するのは不可能だということだ。そうであれば、いっそのこと一括して廃止するというのはどうだろう？

農務省は農民が労働者や企業から盗む手助けをする機関である。同様に、商務省は企業が農民や労働者から盗む手助けし、労働省は労働者が農民や企業から盗む手助けをする。この三つの機関をすべて廃止すれば、間違いなくすべてのアメリカ人が一人の友と二人の敵を失うことになる。

実はこれは、軍用基地を閉鎖する際にすでに大きな成功をおさめている戦略である。軍用基地を一つだけ閉鎖するから大きな騒動になるのである。しかし一度に十分な数の基地を閉鎖すれば十分な額の節税になり、それを支持する基盤ができあがるのだ。これこそが軍用基地を閉鎖する唯一の方法だと言っても過言ではない。

省庁や不必要な軍用基地の増加は、「公共の川」の問題を簡潔に物語っている。すなわち、効率の悪い政府は、公害のようなものだ。加害者は費用についてきちんと考えることなく便益を手にしている。インセンティブを調整すれば「川」の水はきれいになるかもしれないのだ。

2 司法制度を正す方法

陪審員がへまをしない方法

一九九一年、ニューヨーク市内で起きた暴動の最中に、レムリック・ネルソンという男がヤンケル・ローゼンバウムという男を刺殺した。なぜこの事実が明らかになったかというと、ネルソン自身が事件から一二年後、陪審員が無罪判決を下して釈放になってから罪を認めたからだ。

最近では、インディアナ州の陪審員が、リチャード・アレキサンダーという男に連続婦女暴行の罪で懲役七〇年の刑を言い渡した。三年後、DNA鑑定と自白に基づいて別の二人の男が真犯人として有罪となった。リチャード・アレキサンダーは、犯してもいない罪に問われて三年も刑務所暮らしをしたことになる。

どちらの陪審員も重大なへまをしたわけである。しかし、間違った評決を下しても、陪審員は誰一人として罰せられるわけではないのである。

なぜ彼らがへまをしたのかはわからない。証拠を注意深く検証したにもかかわらず、うっかりミスを犯してしまったのかもしれない。証拠が十分に提示されなかったのかもしれない。あるいはよく話を聞いていなかったのかもしれない。いずれもありがちなことだ。しかし、陪審員が自分の怠慢や不注意の費用を周囲に波及させる代わりに、それを自分の費用として意識すれば、もっと正確な評決が下されるだろう。

たとえば無罪判決に賛成する陪審員には、被告を自宅に一ヵ月間住まわせることを義務づけたとしたらどうだろうか。その見返りに裁判所からは、相場より高い家賃が陪審員に支払われる。被告が無害な人物だと心から信じるのであれば、賓客として迎え入れるだけで大きな利益が得られるわけだ。とても恐ろしくて一緒に暮らすことなどできないと言うのであれば、他の人も同じように感じるはずである。

もっともこのような条件では、無実なのに体臭がきつい被告にとっては気の毒なことになるかもしれない。ただし、保護観察官にこれと同じ義務を課すこともできる。陪審員と違って、保護観察官は人の好ましさに対しても注意を払う義務があるのだから。

さて陪審員に話を戻すと、手始めに審理手続きに関する客観性のある筆記試験を導入し、成績優秀者には現金を支払うというのはどうだろう。試験はたとえば、「○×で答えなさい。被害者の隣りに住む女性は、夜中に犬が吠えるのを聞いたと言った」というものである。そうすれば、少なくとも審理に身が入るようにはなるはずだ。

そして審議に際しては、陪審員を六人ずつ二つのグループに分けて、評決が一致すれば報酬を支払うことにする。お互いの回答を一致させたいと思うと、人は正確に答えようと必死になるのではないだろうか。

あるいは「ネルソン事件」や「アレキサンダー事件」と同様の事態が起こったときには、それを利用して、陪審員にメッセージを送るというのも良いことかもしれない。評決が間違っていたと判明したら、それを下した陪審員に重い罰金を課すのだ。逆に、新たな証拠によって評決が正しかったと証明された陪審員には、多額の報酬を支払えばいい。そうすれば、法廷で居眠りをしたり、難しい証拠を無視したり、陪審員室で脅迫されたりする陪審員の数も減ることだろう。

また副次的なメリットもある。もし陪審員が手ぬるいようだったら、間違った無罪評決に対する罰金や、正しい有罪評決に対する報酬を増やすことで、厳しい態度を取らせることができるという点だ。陪審員が厳しすぎるようなら、反対のことをすればいい。これこそ優れたインセンティブ・システムの証明である。つまりは違った結果が欲しいと思えば、簡単に調整ができるということだ。

「ネルソン事件」や「アレキサンダー事件」のようなケースはめったにないので、陪審員のインセンティブに影響を及ぼすにはいたらないかもしれない。だが調整は可能だ。

たとえば詳細な自白や完璧なアリバイによって、被告の罪状が明らかになっている場合など、裁判にはいたらない訴訟もある。そうした被告人を使って、自白やアリバイを陪審員には伏せたまま「模擬裁判」をやったらどうだろうか。この模擬裁判では、結審時に、間違った評決を下した陪審員には罰金を課し、評決は無効とする。そして正しい評決を下した陪審員には報酬を支払うのだ。立ち会っている裁判が本物なのか偽物なのかは陪審員にはいっさい知らされないので、正確に判断しようとするインセンティブは常にあるはずだ。

このアイデアに対して、経費が掛かりそうだという声が挙がるかもしれない。それは私も認めよう。おそらく本物の裁判四回に対して一回は模擬裁判を行う必要があるが、そうなると裁判制度の維持費は約二五％増しになる。しかしその代わり、陪審員が裁判にもっと真剣に取り組もうという気を起こさせるだけでなく、能力の高い陪審員も引きつけることになると考えられるのだ。世間の注目を集めるような裁判では、原告と被告の双方が提訴にそれぞれ何百万ドルもの費用を投じることもめずらしくない。それを考えれば、陪審員にすべての証拠を念入りに検証してもらうために、あと一〇〇万ドルぐらい使ったところでそれほどの浪費ではないだろう。

模擬裁判がその費用に見合ったものかどうかはともかくとして、「ネルソン事件」のような判例を利用して、たまに陪審員にメッセージを送らないという手はないだろう。アメリカ中の工場労働者やタクシー運転手、あるいは医者や弁護士やエコノミストも、すべてその業績に応じた経済的報酬と懲罰を与えられている。陪審員だけが例外なのだ。そんな例外がまかり通るのは、裁判で正しい評決を下すことが、この国でいちばん重要でない仕事だと考えられているからにほかならない。

インセンティブ・システムの導入

うっかりミスを犯してしまった仕事熱心な陪審員を罰するのは公平なことだろうか？

農作物が不作に終わった仕事熱心な農夫や、本が売れなかった仕事熱心な作家や、市場を読み違えてベーグルを作りすぎた仕事熱心なパン屋を罰すること。これらはすべて公平なことではない。理想の世界なら、努力は報われるだろう。しかしこの現実の世界においては、努力は目で見ることができないため、結果に対して報いるしかないのである。

不公平は、どんなに優れたインセンティブ・システムにも含まれている。

何年もかけてレストランビジネスを学び、出資者やインテリアデコレーターや厨房スタッフを慎重に選び出し、みごとに市場のニッチを埋める店を始めたとしても、迷い込んだ一匹のネズミや、無差別テロや、突然の家庭料理ブームといった理由で失敗することもある。

いずれにしても、公平さを云々するならば、無実の人間を刑務所送りにしたり、殺人者を野放しにしたりする以上に不公平なことがあるだろうか？　そんな不公平を、ほんの少し陪審員に対して不公平になることで軽減できるならば、私は諸手を挙げて賛成する。

インセンティブ・システムを導入したからと言って、陪審員をひどい目に合わせようというわけではない。日々たくさんの事業が破産の憂き目に遭っているが、きっと報われると信じてたくさんの起業家が新たに参入してくる。同様に、間違った評決で罰金を取られるとしても、最初から陪審員を務めることに対して妥当な報酬を支払うかぎり、いくらでも陪審員志願者は出てくるはずだ。実際、志願者を引きつけることには他にも利点がある。

一つは、有能で意欲的な陪審員が集まるだろうということだ。そしてもう一つは、現行の裁判制度の中で少なくともそこだけは、憲法の修正第一三条（奴隷および本人の意に反する労役は、当事者が犯罪に対する刑罰として正当に有罪の宣告を受けた場合以外は、合衆国内またはその管轄に属するいかなる地域内にも存在してはならない）を順守するかたちになることである。

陪審員への情報隠蔽

正確な評決を得るためのもう一つの方法は、陪審員を子ども扱いするような真似をやめることだ。昨今の陪審員は、新聞を読むことも、審理について家族や友人と話し合うことも禁じられている。

しかしたとえば、二、三年に一度はやって来る有名人がらみの「世紀の裁判」では、メディアにおいても数多くの有意義な議論が交わされることになるが、そのすべてが法廷で提示されるわけではないのである。現行のシステムが単に法廷ではなく社説や食卓で持ち出されたというだけで、どこから見ても優れた推論を陪審員から遠ざけようとするのはなぜだろうか？

それに対する定番の回答は、陪審員を悪い推論から守るためというものだ。陪審員が法廷で良い推論と悪い推論を区別できると信頼しているのなら、それが社説面にあっても同じ区別ができるとは思わないのだろうか？

新聞記事や過去の犯罪歴など「不適切な」情報から陪審員を守ろうという現行の制度は、奇妙に矛盾している。対立するＤＮＡ鑑定専門家の相反する主張の違いがわかる人なら、過去の犯罪歴という情報の内容も間違いなく判断できるはずなのではないのか。

裁判官には証拠を排除する権限が与えられているが、いったん提出された証拠にどの程度重きを置くかの判断は陪審員に委ねられている。言い換えれば、陪審員は与えられた証拠の重要性が三〇％か七〇％か九〇％かの判断はできるけれども、重要性があるのかないのか、という判断はできないと見なされているということだ。陪審員の能力に限界があると考えているからこそ、そういう方策が取られているとしか考えられない。

陪審員には、与えられた証拠にどの程度重きを置くかを判断する能力があるのか。あるいはないのか。判断できるのであれば、ともかくすべての証拠を提示して、どれが裁判に関連があるのかを彼らに決めさせればいい。もし判断できないのであれば、陪審員制度そのものを見直す必要があるだろう。

法廷以外の場所では、誰もが情報は良いものだと考えている。家を購入しようとするとき、その家の地盤は砂地らしいという噂を耳にしたら、きっと耳をそばだてて聞こうとするはずだ。だからと言って噂がすべて真実とはかぎらないし、必ずしも契約を破棄することになるわけでもない。だが少なくとも、噂の出どころを見極め、それ以外に見聞きしたことと照らし合わせて検討することだろう。なぜそんなことをするのかというと、そのほうが良い決断を下せると思うからだ。

場合によっては、あまりにもでたらめな噂には、耳をふさいでいたほうがいいかもしれない。しかし長い目で見れば、人の話にはたとえ一瞬でも耳を傾けたほうが、人生は概してうまくいくものである。

ところが陪審員席に入るなり、人は突然世間をシャットアウトすることを要求される。噂は「伝聞」という名のもとに隠蔽され、法廷から排除される。そうした予防措置にもかかわらず、裁判に関係する噂を小耳に挟んだとしたら、裁判官はそれを無視するよう指示するだろう。そしてもしあなたが噂の出どころを突き止め、その信憑性を確かめるという責任ある行動に及んだりしようものなら、法廷侮辱罪で召喚される危険を冒すことになるのだ。

法廷で良い決断を下すことは、住宅市場におけるそれと同じぐらい重要なことではないのだろうか？　だとしたら、賢い住宅購入者が本能的に採ろうとする方法を、法廷から排除するのはなぜなのだろうか？

言論の自由を支持する側の主たる論拠は、さまざまな情報にさらされていたほうが、概して良い決断を下せるからというものである。選挙ともなれば、立候補者の噂やゴシップや伝聞や不適切な情報でニュースはあふれかえる。それでも総合すると、裁判官にニュースを検閲する権限を持たせるよりは良い結果をもたらすというのが、衆目の一致するところのようだ。

選挙前に、有力候補者にかつて飲酒運転で逮捕歴があった、などと報道されることがある。しかし法廷では、この種の情報はもみ消されることだろう。政治の世界では、支持者やジャーナリストが主張と反論を自由に繰り広げ、そのうえで有権者にどれがもっともらしくてどれが適切なのかを決めさせている。陪審員にも同じことをさせたらいいではないか。

陪審員は、選ばれてから何も知らされないだけではなく、じつはその無知さゆえに選ばれるのだ。

裁判所の職員は、「偏見を持たない」陪審員を選ぶためにはどんな苦労も惜しまない。しかし偏見がないこと、偏見を招くことになったかもしれない知的な思索がないことが、いったい望ましいのだろうか？　選挙のときには、「投票所に来るまで偏見を持たぬようメディアへの接触を避けろ」とは誰も言わない。情報に通じた有権者と何も知らない陪審員の両方を、ともに良しとするのは矛盾してはいないだろうか。

ときには、担当する裁判に関して無知なだけでなく、一般常識にも欠ける人間があえて陪審員として選ばれるようだ。私の友人は、次の質問に「はい」と答えたために陪審員から除外された。「過去に逮捕歴のある男のほうが、逮捕歴のない男よりも有罪である可能性が高いと思いますか?」。推測すると、友人の代わりに陪審員席に座ったのは、警察はでたらめに人を逮捕していると本気で信じている人物なのだろう。

一九八六年、マサチューセッツ州の検察当局は、怯えきった未就学児たちを質問攻めにして、彼らが通っていたフェルズエーカー・デイスクールの経営者一家に対するとんでもない告発を強要した。ジェラルド、シェリル、ヴァイオレット・アミロールトの三人が、性的虐待を行っていたというものだ。子どもたちの証言について、全米著述業組合政治問題委員会の元委員長のボブ・シャテルがまとめたものをここに引用させていただく。

「子どもたちは、証言させられたことをすぐに認めたが、その内容の多くは信じがたいものだった。一人の男児は、他の教師や子どもたち全員の目の前で木に縛りつけられたと言った。さらに、シェリルが犬を殺してその血を砂場に埋めたこと、誰かに喋ったら殺すとロボットに脅されたとも話した。また別の男児は、ヴァイオレットがカエルを殺してそれを自分に食べさせたと言った(最初のインタビュー時は、カエルはアヒルのように鳴いていたと言っていた)。ある女児は手首を切られて血が出たと言った。

彼女はまた、(『スター・ウォーズ』に登場するR2D2のような)ロボットにぶんぶん振り回されたあげく腕を噛まれたとも話した。

検察官は、子どもたちが連日のように、秘密のあるいは魔法の部屋に連れて行かれたという証言を引き出している。しかし、警察にその部屋の場所を教えることができた子どもは一人もおらず、警察も入念な捜索にもかかわらず部屋を特定することができなかった。実際にその部屋が何階にあったのか、あるいは学校内にあったのか、それとも別の場所にあったのかについても、子どもたちの話が一致することはなかった」

検察のやり方についていっさい知らされなかった陪審員たちは、アミロールト家の三人全員を有罪にした。懲役三〇~四〇年の判決を受けたジェラルドが服役して一〇年が経ったころ、一人の陪審員がこんな言葉をもらした。

「私はアミロールト氏の無罪を確信していました。私たち陪審員は、すべての証言を聞かされたわけではなく、間違った方向に誘導されたような気がします。私たちは子どもたちを信じたし、証言が曲げられているとは思いもしなかった。もし当時、その後新聞で読んだことを知っていたら、私はアミロールト氏を有罪にはしなかったでしょう」

検察の戦略に関する記事を陪審員の目に触れさせないことで、正義が果たされたと断言できる人がいるだろうか。

トーマス・ベイズの定理

ロンドンから約三六マイル（約五八キロ）離れたタンブリッジウェルズは、一八世紀にはイギリス有数の観光地だった。風光明媚で国際色豊かなこの町は、知的交流、社会交流の場として活気にあふれ、世界中から多くの旅行客を集めていた。町にはコーヒーハウスや本屋、パブもあれば、ビリアード場にダンスホール、コンサートホールもあり、音楽家や曲芸師、奇術師や哲学者で賑わっていた。

タンブリッジウェルズにはトーマス・ベイズという、物静かだが情熱的な長老派教会の牧師がいた。外国からの旅行者を歓迎し、イギリスの生活様式を教えることが大好きな人物だった。あるとき、東インド諸島から来た名士たちにイギリスの冬の厳しさを説明していたベイズは、彼らが氷を見たことも聞いたこともないことを知る。そこで製氷室から氷を持ってこさせると、それが単に水が凍ったものであることを説明し、実際に火の上で溶かしてみせた。名士たちは、騙されたのかと首をひねりながら東インドに戻っていった。

そうしたお遊びの合間にも、ベイズは神の慈愛や悪の問題に関する書物を著し、数学を学び、確率を正しく計算する方法について真剣に考えた。彼の最大の発見は、事前の知識と新しい証拠の両方を踏まえて確率をはじき出す公式である。現在「ベイズの定理」と呼ばれ、どこの大学でも統計学の授業の柱となっている。

「ベイズの定理」の要点はこうである。関連性が考えられるものは、すべて関連性があるということだ。

裁判における被告は以前にも同じような容疑で有罪になったことがあるだろうか？　これは関連性のある話だ。被告は以前に今回とはまったく無関係の容疑で有罪になったことがあるだろうか？　一度罪を犯すことと、ふたたび罪を重ねることのあいだに統計上の相関関係が認められるかぎり、これも関連性のある話だ。被告の兄は犯罪者だろうか？　統計が犯罪への傾向と血筋の相関関係を示すかぎり、これもまた関連性のある話である。

被告の外見も関連性のある証拠であり、陪審員はそのことを本能的に察知する。だから被告側の弁護人は、依頼人に仕立てのよいスーツを着させ、顔面のピアスを取り外させる。それでごまかせるかもしれないが、じつはごまかしきれないものでもある。誰もが株式仲買人のように見えるわけではないし、株式仲買人に見える人物のほうが印象がいいことも事実なのである。被告のスーツ姿が板についていたとしたら、それは有利にはたらく正当な証拠となるし、被告の額に「ＫＫＫ」のタトゥーが入っていたとしたら、それは不利な証拠となる。

もっといいのは、弁護人と検察官による被告の着せ替えを行うことだ。ピンストライプのスーツ姿もいいが、胸をはだけ、汚れた迷彩柄のズボンと赤い靴ひものドクターマーチンのブーツで決めた姿も見せてほしいものだ。

「外見はものを言う」とベイズの定理は言う。それは、被告にまつわるその他の事柄すべてに言えることで、そこには弁護人の選択も含まれる。

もしあなたが起訴されて、Ｏ・Ｊ・シンプソンやパンアメリカン航空一〇三便の爆破犯の無罪を主張したアラン・ダーショヴィッツを弁護人として雇ったとわかったら、ベイズの定理は私にあなたに対する見方を変えろと告げるだろう。人に何かを説得されるときはいつも、日頃の知恵がその「根拠を考えろ」と助言を与えてくれる。ベイズの定理はその知恵を裏づけてくれるのだ。

アラン・ダーショヴィッツのような男が中古車を売りにきたら、一〇〇〇マイル（約一六一キロメートル）走るごとにオイルを交換したという話は疑って当然である。その同じ男が依頼人の無実を納得させようとしたら、やはり疑ってしかるべきなのだ。そしてもしダーショヴィッツ氏がどういう種類の事件の弁護をしてきたのか知らないとなれば、検察側が彼の過去の顧客リストを証拠として提出するよう要求することが認められるべきである。

これはどちらの側にも役に立つだろう。いつでも証拠を吟味したうえで、無実だと確信する依頼人だけを引き受けてきた被告側弁護人がいるとしたら、陪審員はそのことを知らされるべきである。それは被告に有利にはたらく情報であり、むしろそうすべきなのだ。

法廷では被告人の素性だけではなく、弁護人や検察官の素性もすべて証拠として採用すべきである。道徳心の高い弁護人なら、陪審員を誤った方向に導く可能性は少ないはずだ。陪審員には、あらぬ方向に誘導される可能性を見極める機会が与えられるべきではないだろうか。そして、証拠の出どころの評判が悪いというだけで、優れた議論を受け入れないという過ちも犯すべきではない。

ユークリッドは、推論の手続きを踏んで、三角形の内角の和は一八〇度であることを証明した。彼はその解き方を示してくれたのだ。さて、仮にこの定理の反証を挙げ、誤りだと示そうと考えたとして、ユークリッドは嘘つきだからということで証明しようとするだろうか？　それはありえない。だがその一方で、もしユークリッドが嘘つきで有名だったとしたら、何かをごまかそうとしているかもしれないから、彼の主張をもう少し細かく調べようと思うかもしれない。さらに、もしユークリッドが大ボラ吹きだとしたら、その主張から価値ある情報を選り分ける労力を考えると、最初から耳を貸す値打ちもないということになる。

証拠を排除する理由

陪審員から情報を隠蔽するもっともな理由は二つしかない。

一つ目は、警察に手当たり次第に家宅捜索させるのもまずいので、正当な令状なしに集めた証拠を無視することで彼らのインセンティブを調整しているということだ。それなら、罰金や懲役刑を導入して熱心すぎる警察官を抑制しつつ、しかしその熱心さの成果を無にしない方法はないものか。だがこの違法収集証拠の排除の原則は、仮に他にもっといい方法があったにしても、少なくともある目的にはかなっている。したがって、これについては私も、法廷から一部の証拠を排除する必要があるかもしれない理由の一つとして認めようと思う。

証拠を排除する正当な理由の二つ目は、他のすべての条件が同じとき、法廷で不利とされることで、まったく無害な行動が抑制されることになっては困るということである。たとえば、概して赤い車に乗っている人のほうが、青い車の人よりもスピードを出す傾向がある。したがってスピード違反で裁かれるときには、車の色が関連性のある証拠となる。他方で、それが不利な証拠として提出されることが認められたら、最初から青い車を買う人が出てくるかもしれない。赤が好きな人にとって、それは不幸な結果である。

同様に、政治姿勢や宗教や胸に彫られたコブラのタトゥーのせいで、統計上ではおばあさんを叩きのめしてバッグをひったくる可能性の高い人物になったとする。そして検察側がそうした統計を不利な証拠として法廷に提出することが認められたとしたら、あなたは政治も宗教もタトゥーも敬遠するようになるかもしれない。それゆえに多様性を重んじる現代社会においては、検察官は被告の政治や宗教を攻撃するべきではないという議論につながるわけである。

しかし人種やジェンダーなどはけっして選べるものではないから、検察官はそこを攻めてもかまわないということになる。人種が法廷で不利に利用されたとしても、それで人々が黒人になるのをやめてしまうのではと心配する必要はない（もっとも、この理屈を突きつめていくと、黒人が子どもを産みたくなくなるのではないかという心配が生じるかもしれないが）。ジェンダーについても同じである。女性よりも男性のほうが犯罪に手を染めやすいとはいえ、強盗で誤認逮捕されたら困るという理由で性転換した人にはお目にかかったためしがない。

とは言え、この二つの理由は、本当に抑制されるべき行動に関する証拠まで排除する理由にならない。先に提唱したように、薄汚れた連中ばかり弁護してきた被告側弁護人の経歴が証拠として認められるようになれば、薄汚れた連中が弁護士を雇いにくくなるはずだ。

証拠としての性生活

証拠を隠す第三の理由もあるが、それは却下しても差し支えないと思う。証拠の中にはきまりが悪いものもあり、人に恥をかかせるのは良くないことだから、そういうものは隠しておくべきだという理由だ。だからレイプの被害者（あるいは自称レイプの被害者）に、性生活について無理に証言させることはない。しかしそういう証言をすべて排除するのではなく、法廷で公表せずに陪審員にだけ内密に聞かせてもいいのではないかと私は思う。

どのみち排除されるにしても、すべての証拠は裁判官の審査を受ける。つまり、誰かはそれを知るわけだ。陪審員席に座った一二人の他人の前で自分の性生活を暴かれるのと、裁判官席に座った一人の他人に調べられるのと、実際恥ずかしさにどのぐらい違いがあるのだろうか。

原告の性生活はたしかに関連性のある証拠だと「ベイズの定理」は告げている。とくに被告が、申し立てられた「レイプ」は実際は合意のうえのセックスだったと主張している場合はなおさらである。他のすべての条件が同じなら、三〇歳の処女は、三〇歳のポルノ女優よりは初対面の人とのセックスに合意する可能性が低い。つまり、ポルノ女優に比較して処女の訴えの信憑性のほうが高いということだ。そして、動かしがたい論理の法に従えば、処女に比較してポルノ女優の訴えの信憑性は低くなる。もちろん、他の条件が同じであることはけっしてない。処女は悪名高い嘘つきで、ポルノ女優は誠実なことで有名かもしれない。それも関連性のある証拠であるから、やはり陪審員には知らされるべきなのだ。

一九九七年、コロンビア大学の大学院生だったオリヴァー・ジョヴァノヴィッチは、不運にも「マダムX」と名のり、SM行為が大好きだと言ってはばからないバーナード大学の女子学生とメールで知り合った。二人は実際に会い、そしてマダムXは、監禁されて自分の意思に反した性的虐待を受けたとジョヴァノヴィッチを告訴した。

もし陪審員にメールを見られていたら、マダムXはさぞかし気まずい思いをしたことだろう。彼女がジョヴァノヴィッチと出会う前もその後もSM行為を積極的に楽しんでいたという証拠を陪審員が見ていたら、もっと恥ずかしい思いをしたことだろう。そして彼女には、過去にもそうした性的虐待を訴える虚偽の申し立てをした経歴があることを陪審員が知らされていたとしたら、マダムXの気まずさはどれほどのものだったろう！　しかしマダムXにとって幸運なことに、彼女の気持ちに配慮したウィリアム・ウェッツェル判事は、これらの証拠をすべて排除してしまった。オリヴァー・ジョヴァノヴィッチは、はなはだしく情報不足の陪審員によって刑務所に送り込まれたが、少なくともマダムXは恥をかかずに済んだわけだ。ジョヴァノヴィッチは刑務所で一年と八カ月を過ごし、家族が彼の有罪判決をくつがえすために投じた裁判費用は五〇〇万ドルにのぼった。

マサチューセッツ州のアミロールト一家同様、ジョヴァノヴィッチ氏もまた、情報を十分に得た分別ある陪審員ならけっして出さなかったであろう評決によって人生を台無しにされた。陪審員がいつも分別のある人間だという保証はないが、少なくとも彼らに十分な情報を与える努力は私たちにもできるはずだ。

結局のところ、私たちは陪審員を信用するかどうかという問題に行きつく。もし信用できないというのなら、取るべき策は彼らにハンディキャップをつけることではなく、陪審員制度そのものを廃止することだ。

現状の陪審員が信用できないのなら、もう一つの選択肢は、ヨーロッパの一部の国のようにプロの陪審員を採用することだろう。このシステムには別の利点もある。たとえば医療過誤や独占禁止法などに関わる複雑な裁判の場合、原告側と被告側はそれぞれに専門家を招いて、時間と費用をかけて一から陪審員を教育しなければならない。しかしプロの陪審員であれば、裁判のたびに新たに教育する必要もないわけだ。

裁判官は自分の需要を高めている

なぜ陪審員には特定の難問に取り組むよう求める一方で、他のことについては考えることさえ禁止するのだろうか？

それは、私たちが陪審員の能力についてひどく混乱した考え方をしているか、あるいは制度そのものが、弁護士や裁判官やその他混乱を糧にしている人々という、一種の特別利益団体のために作られているかのどちらかだろう。陪審員の行動にほんの少しでも乱れがあれば弁護士が上訴しようとしたり、証拠に関する不可解な規則を作って、裁判官が自分たちをなくてはならない存在にしようとしていることがそのいい例だ。

陪審員に法廷外で耳にしたことはすべて無視しろと指示する裁判官は、自分以外の人間に配電盤を触らせようとしない電気工みたいなものである。もし人々が自由に配電盤をいじるようになれば、電気工の仕事は減る。もし陪審員が自分で情報を集めるようになれば、裁判官の仕事も減るのだ。

経済学の理論からいえば、特別利益団体は、自分たちをかけがえのない存在にするために職場の規則を操るのではないかと予測できる。労働組合の「水増し雇用要求」というものがある。弁護士にしか解釈できないような複雑な法律を執筆しているのは、弁護士自身だということも周知の事実である。しかし、裁判官が証拠の採用について不可解な規則を作り上げて自分たちの需要を高めていることは、あまり世間に知られていないようだ。

裁判官が証拠の流れをコントロールしなければ、陪審員は不適切な情報の海で溺れてしまう。すると裁判は永遠に続くと思われるのだろうか？　だがその問題は、長くて費用のかかる申し立てと上訴の手続きではなく、法廷を必要以上に使用した超過時間分を弁護士に現金で支払わせることにすれば、何より効果的に解決できるだろう。陪審員が良い主張と悪い主張を区別できると仮定するなら、弁護士が関係のない話を展開して時間かせぎをしても、何の得にもならないということになる。

宝くじと犯罪のリスクを比較する

犯罪者は概してリスク好きに違いない。そうでなければ、犯罪者にならずに洗車場の従業員になっているはずだ。宝くじを買う人も、だいたいはリスク好きに違いない。でなければ、宝くじではなく長期国債を買っているはずだ。そうすると、犯罪者と宝くじを買う人はほぼ同一人物であると結論づけたくなるかもしれない。しかしそれは、おそらく間違った結論である。何と言っても、リスク好きは一つのことにすべてを賭けるのが好きなので、彼らが追求するのは犯罪か宝くじのどちらか一方であって、両方ではないと考えられる。

それでも、何が人を犯罪に引きつけるのかを理解するために、もっと広い意味で危険な行為が人を引きつける要因を理解するのも意味のあることだ。だから、ここで宝くじの魅力を探ってみても損はないと思う。

宝くじが魅力的に思えるのは、高額の賞金、または相対的に高い当選率が提供されるときである。宝くじ売り場の経営者が賞金総額一〇〇〇万ドルを支払う場合、一回の大当たりで一〇〇〇万ドルを出すこともできるし、一〇〇万ドルずつ一〇回に分けて出すこともできる。買い手にとってはどちらのほうが魅力的なのだろうか?

通常、それは前者である。だいたいにおいて宝くじを買う人は、小額の当選金を高い確率で得るよりも、確率は低くても大きな当選金を得たいと思うものだ。なぜなら、小額の当選金を高い確率で得たいと思う人は、宝くじではなく預金証書を買うからだ。したがって、宝くじをもっと魅力あるものにしたければ、当選者数を倍にするよりも、一回の賞金額を倍にすることである。正確には、当選者数を倍にすることは、宝くじを買ったりしない人にとって魅力的に映るが、一回の賞金額を倍にすることは、実際に賭けてみようという気になる人にとって魅力的だということだ。

宝くじに言えることは、競馬にもあてはまるだろう。

私のギャンブルの顧問であるマウリー・ウルフも、勝率は低いが配当の大きい複雑な「三連勝単式」のほうが、賞金一ドル当たりにつき最大の掛け金（競馬場にとっては最高の利益）を生み出すと言っている。では、なぜ競馬場は二ドル馬券を発行し続けるのだろうか？　ウルフによると、「三連勝単式」を当てた人は配当金をもらったらまっすぐ家に帰るが、二ドル馬券の勝者はその配当を次々とあとのレースに注ぎ込むのだという。

ではこの同じ推論を、犯罪の抑止にあてはめてみよう。

だいたいにおいて犯罪者は、小さな罰を高い確率で受けるよりも、低い確率で大きな罰を受けるほうを望むだろう。なぜなら、小さな罰を高い確率で受けることを望む人は、犯罪に手を染めたりせずに、建設工事や炭坑作業といったきつい仕事に就くからだ。したがって、犯罪者を犯罪に駆り立てないようにするには、刑罰の厳しさを倍にするよりも、有罪判決の確率を倍にするほうが効果的だということになる。

平均懲役年数を一〇％長くすれば、犯罪は減るだろう。有罪判決率を一〇％引き上げれば、犯罪はさらに減るだろう。他のリスク好き同様、犯罪者も危険な確率に賭けているわけだから、勝ち目がないとなればとりわけやる気をそがれるものなのだ。

私は刑罰が重要ではないと言っているわけではない。刑罰に犯罪の抑止力がないとしたら、それを施行する意味がなくなってしまう。だが、幸いなことに抑止力はあるのだ。

たとえば死刑である。死刑の抑止効果を示す証拠はないなどと、偽りを言う政治家が後を絶たないことにはいつも驚かされる。たしかに、死刑を制定することに抑止効果があるという証拠はない。しかし死刑を執行するということはそれとはまったく別の問題だ。経済誌は過去三〇年のあいだずっと、実際に死刑が執行されると大きな抑止効果があるという証拠を発表してきた。一回執行されるごとに、およそ八件から二四件の殺人が防げたのである。

この分野におけるパイオニアであるアイザック・アーリック教授は、一九七〇年代なかばに高度な統計学的手法を用いて有罪判決と刑罰の抑止効果を初めて測定した。最近になってアーリックは、劉志強教授と共同でふたたびこのテーマを取り上げ、自分を声高に非難した人々に反論するとともに、最初の結論を裏付ける新たな証拠を提示した。

有罪判決の件数を一％増やせば、殺人率は約一％低下する。死刑執行の件数を一％増やせば、殺人率は約〇・五％低下する（これらの数字は一九四〇年代から一九五〇年代の証拠に基づいている。死刑に関する研究は、多くの死刑が執行された、すなわちデータの数が多い時代に焦点を合わせる傾向がある）。予測されたように、刑罰の厳しさもさることながら、有罪判決率のほうがさらに重要だということがわかるだろう。

私はアーリック教授がこの結果を導き出してくれたことに感謝している。学生たちにどうしても理解してもらいたい三つのポイントを授業で説明するときに、いつも使わせてもらっているからだ。第一に、たとえ殺人者であっても、インセンティブは重要である。第二に、経済学の理論では、ある種のインセンティブが他よりも重要であることが予測でき、それを裏付けるデータもある。最後に、政策的な助言をしたければ、数字を知っているだけでは不十分であるということだ。

それと同時に、みずからの価値観も理解していなければならない。死刑は効果的であることをほとんどの経済学者に納得させたアイザック・アーリックは、熱心な死刑廃止論者である。

懲役年数の貸し借り

抑止効果について気にかける以上、基本的な経済の現実にも目を向けなければならない。すなわち、過剰に罰せられている犯罪者がいるために、多くの犯罪者が十分に罰せられていないということだ。

刑務所のスペースに限りがあるこの世界では、長期の懲役刑ともなると、一人の犯罪者を収監するためには別の犯罪者を釈放するという代償を払わなければならない。泥棒ベニーが独房を五年間占拠すれば、強盗マニーが入る場所はないかもしれない。しかしベニーを投獄して手柄を立てた地方検事は、そのためにやがてどこかの検察官がマニーを釈放せざるをえなくなったとしても、咎められたりはしないのだ。

つまり、この地方検事は自分の決定の費用を負担していないということである。彼のインセンティブは、別の法廷で裁かれている強盗や強姦者や殺人者ではなく、手形詐欺師やインサイドトレーダーや麻薬の売人のために刑務所のスペースを無駄に使うことにある。

あらゆる大企業もこれと同じ問題に直面している。

経営者は検察官と同様に、企業全体に押しつける費用のことなど考えもせずに、手に入る資金なら何でもつかみ取ろうとする。ほとんどの場合、経営者にそれぞれ予算を持たせることが問題の解決策になるだろう。そうすれば、今日ファックスを三〇台要求すれば、確実に明日注文する予定の一〇〇台のコンピュータに響くことに気づくはずだ。

誰もが知っている通り、この解決策も理想にはほど遠い。経営者たちは、当初の予算が割り当てられる段階で、自分の要求を膨らませるからだ。しかしやはり誰もが知っている通り、いっさい予算の制約を感じることなく資金を要求させるままにしておくよりは、はるかに優れた考えである。

民間企業で役に立つことなら、刑事司法制度でも役に立つはずだ。たとえば検察官に、月ごとに三五〇年分の懲役という予算枠を与えるというのはどうだろう。その月のあいだは、予算を超える懲役刑は求刑できないようにするのだ。検察官同士の懲役年数の貸し借りを可能にして、少し柔軟性を持たせることもできるだろう。

一つの裁判で長い懲役刑を求刑する検察官は、そこに未来の裁判に対する費用が生じていることを知るべきである。一つの裁判が別の裁判に影響してはまずいと言われるかもしれない。それに対しては、刑務所制度が利用できる資源は限られているのだから、一つの裁判はすでに別の裁判に影響を与えているのだと応じたい。要は、検察官にその費用を意識してもらうことと、それに応えるインセンティブを与えることである。

検察官も、陪審員や裁判官や犯罪者と同じように、人間の行動の普遍的な法則に支配されている。すなわち、自分の行動の責任を問われないとき、人は無責任な行動に及びやすい。より良いインセンティブがあれば、より良い正義を獲得できるはずなのである。

3 その他すべてを正す方法

火事と戦う方法

唐突な提案だが、消防士は救出した資産すべてを自分のものにできるということにしてはどうだろうか。

貴重品をすべて回収していいのだから、私たちが消防士に費用を支払う必要がなくなる。それどころか、消防士になる権利をオークションにかけて、その利益を一般減税に充ててもいい。そうすれば、誰もが勝者となる。

誰もが勝者になれるのは、多くの富がみんなに行き渡るようになるからだ。多くの富がみんなに行き渡るのは、インセンティブが正しいからである。消防士が、グランドピアノには危険を冒し、骨を折るだけの価値があるかどうかを決めるときには、その価値をよく考えてもらいたいものだ。そんなときいったい、ピアノを彼に譲ること以上に良いインセンティブがあるだろうか。価値があると思えばピアノは運び出されるし、そうでなければ見捨てる。まさに、世界をもっと豊かな場所にするためにぴったりの処方である。

たしかに、いくつか解決しなければならない問題点もある。ピアノだけでなく人命を救うためのインセンティブ、そして収入の足しに放火しようとする消防士を阻止する負のインセンティブも、絶対に必要だ。しかし基本となる考えは根拠のあるものであり先例もある。実際、この考え方は「海事法」に活かされているものだ。

たとえば乗っていた船が遭難にあったとする。乗客全員に行き渡る数の救命ボートはあるが、船が沈めば全員の荷物も一緒に沈んでしまう。唯一の望みは、荷物を海中に投げ捨てて積載量を減らし船を沈めないようにすることだ。

私があなたのピアノを海に放り投げることで船を救ったとしたら、その損害は誰が負うのだろうか？それとも、最初にピアノを船に持ち込んだあなたがすべての損害を負うべきだろうか？

ピアノの費用の全責任を負うことになれば、船が沈まない可能性が少しでもあるかぎり、私はピアノを投げ捨てることをためらうだろう。いっさい責任がないとなれば、ちょっとでも危険だと思った瞬間に放り投げるだろう。どちらも好ましくない結末である。

私たちは、厳しすぎず甘すぎない、ちょうどよい加減のルールを探し求めている。まさにそれを与えてくれるのが、「共同海損」である。その原則によると、私が分担する損害は船の資産全体に対して、私の資産が占める割合に等しいということになる。

たとえば船と積み荷の価値が一〇〇万ドルで、そのうち私の所有物の価値が占める割合が一〇%だとすると、私は全体の損害の一〇%の責任を負うことになる。あなたの五〇〇〇ドルのピアノが投げ捨てられたとしたら、私はあなたに五〇〇ドルの借りができることになる。それは、実際にピアノを放り投げたのがあなただろうと、私だろうと、謎の人物だろうと変わらない。

共同海損の原則がすばらしいのは、まさに適正なインセンティブを与えるところにある。ピアノを投げ捨てれば、私はその利益の一〇%を獲得し（救出された積み荷の一〇%は私のものだから）、費用の一〇%を負担する。どちらも一〇%である以上、私がピアノを投げ捨てる気になるのは、予想される利益が費用を上回ったときにかぎられる。言い換えれば、私がピアノを投げ捨てる気になるのは、そうするべきときに限られる。

言うまでもなく、これが正しいインセンティブである。そしてそれは、他者にもたらす費用と便益と、自分自身にもたらす費用と便益が完璧に釣り合っているから達成されるのである。消防士に関して私が目ざすのも、まさにこれである。彼らは消火に関して一〇〇%の費用を負っているのだから、共同海損の原則に従って、一〇〇%の便益を得るべきなのだ。

消防制度の改革にあたったところで、ついでながら、新式の火災報知器についても提案したい。それは、クレジットカードを挿入しないと作動しない報知器である。本当の火事を通報した場合、それに対する報酬が自動的に口座に入金される。誤報だった場合、口座から罰金が差し引かれる。しかしこの提案もまた、報酬目当ての放火という問題が解消されるまでは慎重になる必要があるだろう。

犯罪と戦う方法

あなたの隣人が防犯器を取りつけた場合、少しでも頭のはたらく泥棒なら別の家を選ぶだろう。たとえば、あなたの家を。隣人は害虫駆除業者を雇って、害虫をすべて隣の家に追いやったようなものである。これに対し、隣人があなたの家の前まで見張ってくれる監視用ビデオカメラを取りつけたとしたら、あなたはとても大きな恩恵を被ることになる。つまり自己防衛の外部性は良いほうにも悪いほうにも、どちらにでも及ぶということだ。

この外部性が同時に良い面と悪い面を併せ待つこともある。

車のハンドルに装着して、ハンドルを回せなくする「ザ・クラブ」のような盗難防止装置を車に取りつけた場合、社会に及ぼすプラス面は、自動車泥棒を割に合わない仕事にすることによって、潜在的な自動車泥棒がもっと有益な仕事に就く可能性を高めることにある。そして社会にとってのマイナス面は、潜在的な自動車泥棒が放火魔や殺し屋になる可能性が生まれることにある。さらにもう一つのマイナス面は、すでにいる自動車泥棒が、「ザ・クラブ」を取りつけない私のような人間を狙い撃ちするようになることだ。

だからこそ外部性のほとんどがプラス面だという自己防衛策を見つけたときは、胸がすく思いがしたものだ。「ロージャック」は見えないところに取りつける無線送信機で、車が盗まれると作動して、警察に自動車泥棒、あるいは可能なら雇った解体屋までも追跡させる装置である。送信機は車内のどこに隠されているかわからないので、泥棒が簡単に見つけて解除できないようになっている。「ロージャック」は完璧に隠されている。外から見ただけでは搭載しているかどうかはまるでわからない。つまり「ザ・クラブ」と違って、「ロージャック」を取りつけても盗難を免れることはできずに、車を取り戻す確率を高めてくれるだけである。

しかし社会的見地からすると、「ロージャック」には、隣人に害を及ぼさずに役に立つという大きな利点がある。「ザ・クラブ」は泥棒の目を他の車に向けさせるが、「ロージャック」は盗みをやめようという気にさせるのだ。

しかもその効果には著しいものがある。エコノミストのイアン・エアーズとスティーヴン・レヴィットは、「ロージャック」の発売一〇年を機に、およそ一二の都市でその効果について調査を行った。その結果、「ロージャック」が実際の盗難率に驚くほど大きな影響を及ぼしていることを発見した。「ロージャック」の売上が一%伸びると、盗難率が二〇%、あるいはそれ以上低下することがわかったのである。

では、自動車泥棒はどこへ行ってしまったのだろうか？　どこか別の街に引っ越したのか、あるいは強盗にでもなったのか、それとも社会の役に立つ市民に生まれ変わったのだろうか？　エアーズとレヴィットはこうした難問も検証したうえで、最終的にこう結論した。「ロージャック」は、ただ犯行現場を変えさせるのではなく、実際に多くの犯罪を防止するものである、と。

さらに、エアーズとレヴィットの推測によると、「ロージャック」の年間維持費は一〇〇ドル程度のものだが、一台設置するごとに、年間約一五〇〇ドル相当の盗難による損失を防ぐことになるという。

そしてほとんどの場合、その一五〇〇ドルの便益は、「ロージャック」の所有者ではなく見知らぬ他人に及ぶのだ。

つまりこれは、「ロージャック」は大いに助成するべきだが、隣家の防犯警報器や「ザ・クラブ」には課税すべきだということになる。毎度のことだが、見ず知らずの人のためになる行動は、もっとどんどん奨励すべきなのだ。

もし全員が同じ保険会社を利用していたとしたら、その保険会社がしかるべき助成金を提供することもできるだろう。「ロージャック」のおかげで保険金請求の件数が減るのであれば、保険会社としては取りつけ費用を負担してもいいと考えるはずだ。ところが複数の保険会社がからんでくると、そううまくはいかない。全人口の一〇%と保険契約を結んでいる保険会社は、「ロージャック」がもたらす利益も一〇%しか得られず、したがって十分に助成することもできないのだ。

ここで、興味深い研究課題になりそうな疑問が浮かび上がってくる。保険事業を独占化したらどうなるだろうか。保険に独占価格を支払わなければならなくなるが、その一方で、「ロージャック」に対する助成金がもらえるようになる。最終的に得をするか損をするのかは、私にもわからない。

では、拳銃や脱税といったその他の自己防衛策はどうだろうか。

ジョン・ロットとデヴィッド・マスタードを筆頭に、何人ものエコノミストが、拳銃が普及すると、もっと厳密に言えば銃の携行を認可する法案が通過すると、犯罪率が著しく低下すると主張してきた。銃を増やせば犯罪が減る。それをタイトルに掲げたロットの著作には批判が集中し、その中には嘆かわしくも感情的な個人攻撃や空疎な議論もあった。その一方で、有意義な議論の応酬へと発展した建設的な批判もあったが、ここではむしろ、一つの疑問に焦点を当てたいと思う。

すなわち、仮にロットの主張が正しく銃は犯罪を減少させるものとすれば、それは銃の所有を助成すべきだということにならないだろうか？　もちろん、そうではない。良いものならすべて助成すべきことにはならないはずだ。もしそうなら、ホーホーズ（アメリカのチョコレート菓子）やインターネット上のポルノだって助成すればいいことになってしまう。すべては、銃がどのようにして犯罪を減らすかによって決まってくるのだ。

可能性その一。私が銃を持ち歩くことで、犯罪者が犯罪行為そのものを断念し、結果的に私だけでなくあなたも守られることになる。この場合、銃は「ロージャック」と同じ働きをするのだから、銃の携行は助成されるべきである。

可能性その二。私が銃を持ち歩けば、私自身を守ることができるが、あなたには何の影響も及ぼさない。街中で目の前に立ちはだかった強盗に銃を向けたところ、彼はその晩は引き下がる。この場合、私にはすでに銃を携行する十分なインセンティブがあるため、これ以上奨励する必要はない。

可能性その三。私が銃を持ち歩けば、犯罪者が代わりにあなたを餌食にするというかたちで私は守られる。この可能性もまた、銃が犯罪を減らすという実証的事実と矛盾することなく成立する。街中で目の前に立ちはだかった強盗に銃を向けたところ、半数はあきらめるが、残りの半数はまた新たな犠牲者を探し始める。この場合、たしかに全体的な犯罪率は下がるかもしれないが、負の外部性も生じる。したがって、銃は「ザ・クラブ」と同じように課税するべきである。

この可能性についてもう少し詳しく説明するとこうだ。一五〇ドルを奪おうとする強盗から身を守るために、私は喜んで一〇〇ドルの銃を買うことにする。それは同時に、私以外の他者であるあなたに平均して七五ドルの損失をもたらすことになる。私は一〇〇ドルを支払い、あなたは七五ドルを失う。二人の損失を合わせると、私が銃を買わずに強盗に一五〇ドル奪われたほうが、全体として安くつくことになる。つまり、私は銃を携行するべきではないのである。

脱税に関しても、やはりいくつかのシナリオが考えられる。脱税がまかり通れば、政府が狡猾な企てを遂行しづらくなるという点では、脱税もまた社会の役に立つことかもしれない。だがもし政府が、私の税金を引き上げてあなたの脱税分を埋め合わせようとするならば、それは道徳的に、あなたが防犯警報器を設置して私の家に泥棒を追いやることに等しい。

しかし、防犯警報器の設置や脱税は道徳的な行為だろうか？　それは何をもって道徳と呼ぶかにもよるし、本書とは別の、そしておそらくは別の著者による本のテーマである。

公害と戦う方法

私の同僚が最近新たな授業方針を導入した。質問のとき、手を挙げていない学生を指名することにしたのだ。指名されたくない学生は、ただ単に挙手すればいい。

この方針の小さいほうの便益は、挙手するタイミングをはかるために、学生たちが授業に最低限の注意を払わざるを得なくなることだ。そして大きいほうの便益は、答えがわかっている学生が、手を挙げることで格好悪く見えやしないかと心配をする必要がなくなったことである。多くの学生、とくに新入生は、実際そのことで気おくれしてしまうのだ。勉強熱心はイケてないことを、誰もが高校時代に学んでいるからだ。

むろんこの問題は、高校の段階で成績優秀者にはクールな報酬を与えるなどして正すことができれば、それに越したことはない。必ずしも学生が欲しいと思うものである必要はないのだ。一生懸命に勉強しても格好よく見えるような報酬であればいいのである。「成績なんてどうでもいいけど、ストリップクラブのフリーパスが欲しいんだよ」という学生の声が聞こえてくるかもしれないけれど。

あるいは、勉強家と怠け者を最初から分けてしまうとさらにいいかもしれない。六年生に進級する時点で、タダで百科事典がもらえるクラスと、タバコがもらえるクラスに分けて、好きなほうを選べるようにする。それでかなりうまく選別できるはずだ。

一般に、人々を分離するだけでかなり多くの問題を解決することができる。ここで「公共の川」の教訓が活かされる。つまりはこういうことだ。

ジャックは汚泥を捨てるのが好きで、ジルは泳ぐのが好きだとしたら、その最良の解決策は、ジャックとジルを引き離すことである。そして、そうするための最善の方法は、ジルにどこか別の場所で泳ぐように働きかけることである。さらに、それを実行する最良の方法は、まさにこの場所に汚泥をジャックに持ってこさせて、ジルが上流に泳ぎ去るのを見守ることだったりするのだ。ちょうど、ウサギとトウモロコシのジレンマの解決策が、トウモロコシを移動させることであったりするように。

ちょっと待った。私はこれまで、「公共の川」を汚染する者は阻止するべきだと繰り返し説いてきた。それなのに今まったく逆のことを言っているみたいではないか。だがそうではない。要は、川がいつも公共である必要はないということであり、ときには私有化することが最良の選択肢である場合もあるということだ。いずれにせよ、ジルもジャックと同程度の汚染者だと言える。ジャックのせいでジルは泳げなくなるが、ジルも、とりわけ彼女が助けを求めようものなら、ジャックが汚泥を捨てることを困難にしているのだ。もしジャックにジルの環境を侵害してはいけないと言うのなら、ジルのほうもジャックの環境を侵害してはいけないことになる。

私の隣人が大音量で音楽を聴くとき、彼は私に費用を押しつけている。だがそこで私が公園に出かけたり耳栓をしたりせず警察を呼んだとしたら、私も彼に費用を押しつけることになる。私と彼のどちらをやめさせるべきなのか？

これが試験問題だとしたら、回答は「答えを出すのに必要な情報が十分ではない」となるだろう。答えは、隣人が音楽にどれだけこだわるのかにもよるし、私が耳栓をどれほど嫌いかによっても変わってくるのだ。

公害対策は、私たちの全員が「公共の川」を共有していることと、費用は双方に及ぶことを考慮に入れる必要がある。そこには、空中に炭化水素をまき散らすことを悪だとみなす意見もあれば、それをやめさせることが悪だとみなす意見もある。純粋に理論だけでは、どちらのほうが悪いとか、どちらをやめさせるほうが大事であるとか言うことはできない。すべてケースバイケースなのだ。しかしながら、ときに不愉快な思いをした人に風上に移動するよう頼むことが、最良の方策となることも忘れてはならない。

腎臓不足を解消する方法

ゼル・クラヴィンスキーは、他人を大切にする男である。四五〇万ドルの資産をほぼ全額寄付したと思ったら、今度は自分の腎臓を見ず知らずの人に提供した数少ない人間の一人となったのだ。

クラヴィンスキーは、腎臓は自分よりも腎臓病患者にとってははるかに価値のあるものだったからという、どこから見ても正しい判断を下した。だから提供したのだ。クラヴィンスキーはさらに、そうしなければ殺人を犯すことにも等しいと考えた。

その判断に同意するかどうかはともかく、確かなことがひとつある。世界は余分な腎臓であふれているということだ。私自身も一つ余分に持っているし、おそらくあなたもそうだ。スペアがあるというのは悪くはないが、その思いは、延命の機会を待ちわびる多くの腎臓病患者の思いに到底及ばない。

これがまともな世界なら、腎臓は豚のバラ肉と同じように売買されているだろう。エコノミストは、そうした世界における腎臓の市場価格を、おおよそ一万から一万五〇〇〇ドルと推定している。私ならその価格では自分のスペアを売らないが、やはり推定によると需要を満たすだけの人が腎臓を売ると考えられている。

もちろんそれは良いことである。率直に言えば、良いことだと思えない人がまともな人間であるとはとても思えない。人類という名の「公共の川」の中で溺れている人がいるというのに、浮き輪を着けて歩き回っている人がいる。今まさに沈もうとしている人に、確実に浮き輪を差し伸べることができる一つのメカニズム、すなわち市場を排除しようというのは、とてつもなく残酷な行為である。

少なくとも政府は、意思表示カードに「臓器を提供する」とチェックを付けた人には、運転免許証の交付費用を免除するぐらいのことはできるはずだ。おそらく一生必要としない余分な腎臓を持ったまま生きるのが愚かなことなら、絶対に必要でなくなった余分な腎臓を持ったまま埋葬されるのはその倍も愚かなことである。まずはここから着手すればいいとして、しかし本当に問題を解消するには本格的な市場が必要となるだろう。

腎臓の自由市場が誕生すれば、売ったことを後悔する人も出てくるのではないか？　売ってしまったあとで腎臓が必要となる人もいるだろうし、一万五〇〇〇ドルをギャンブルですってしまう人もいるだろう。しかし、売ってから後悔する人はすべての市場に存在する。あなたは今、車や家を売ったことを後悔しているかもしれない。だからと言って、売ることを禁止するべきだろうか？

売ってから後悔する人だけに焦点を当てると、便益を無視して費用だけを計算する誤りに陥る。売って後悔する人にはそれぞれ買って喜んでいる人がいるのだから、それで帳尻は合っている。そして言うまでもなく、すべての人が後悔するとはかぎらないのだ。実際、ここに腎臓がなかったら確実に死ぬA氏がいて、健康な腎臓を二つ持っているB氏が将来的に両方の腎臓を必要とする確率が一％しかなかったとしたら、その腎臓の一つはA氏のところに行くのが当然である。

もし、腎臓に一万五〇〇〇ドルも支払えない貧しい人々のことを心配するなら、ぜひとも慈善団体や政府にその費用を補填してくれるよう働きかけてほしい。

何よりも、全体像を見失ってはいけない。アメリカ合衆国だけでも、毎年四〇〇〇人が腎臓移植を待ちながら死んでいく一方で、三億個もの健康な腎臓がほとんど役に立っていないのだ。そんなばかげたことがあるだろうか。

成績インフレと戦う方法

私は、大学でC評価が「平均」を意味していた時代のことをよく覚えている。今日では、学生の最終成績を出す時期になると、Cを「ぎりぎり容認できる成績」と見なすよう学部長から指示される。私はこれを「成績インフレ」と呼ぶ。

インフレ状態にあるとき、その成績が伝える情報は少ないとはよく言われることだ。これは、半分真実である。インフレ評価には、単に平均より上の学生と本当に優秀な学生の区別ができなという面がある。しかし他方では、劣っている学生の細かい等級付けに関してはすばらしい働きをするのだ。平均がBだとしたら、優秀な学生はすべてAでひとくくりにされるが、劣っている学生はCやDやFに分類されるのである。

それでも、価値ある情報という意味では損失に変わりはない。雇用主は、下位の区別よりも、トップクラスの学生を選別したいのだ。したがって、伝える価値があったはずの大学の学位は、概してその価値を失いつつある。簡単な例を挙げてみよう。

「Aレベル」の学生メアリーは、雇用主にとって四万ドルの価値があり、「Bレベル」の学生ジェーンの価値は三万ドルである。ところが成績インフレのせいで、二人の区別がつかなくなったとする。雇用主はそれぞれに三万五〇〇〇ドル支払えばいいと思われるかもしれないが、メアリーとジェーンの能力の区別がつかなければ、それぞれにふさわしい仕事を振り分けるのが難しくなるのだ。そのために、二人の価値の平均が、たとえば三万二〇〇〇ドルにまで下がることになり、それが二人が受け取る金額になってしまう。ジェーンは得をし、メアリーは損をしたが、メアリーの損失はジェーンの利益を上回ることになる。

それなら、平均以上の学生は成績インフレに抗議すべきなのだろうか?

必ずしもそうではない。なぜなら、学生たちは初任給だけで生きていくわけではないからだ。そこには競争のプレッシャーをあまり感じずに生きられるという利点があり、それは経済的な損失を補ってあまりあるものかもしれない。経済的損失にしたところで、学生たちが全面的に負担を負っているのではないのだ。学位の価値が低くなれば、大学は授業料を下げたり、入学者数を減らしたりしなければならない。もっと正確に言えば、大学側は授業料や入学者数の増加をいくらか犠牲にしなければならない。

いずれも、成績インフレとは関係のない理由から伸びを示してきたものだ。しかし高い水準を保って、他校との違いを示すことができる大学であれば、学位の価値も高くなるため、市場においても十分な見返りを得られるはずである。

もし大学が成績インフレの代償を支払っているのだとしたら、なぜ黙って見ているのだろうか？

一つには、大学側が成績をつけているわけではないということである。成績をつけるのは教授であり、当の教授たちは歪んだインセンティブに直面している。教授も人間である以上、自分のクラスの学生に特別な感情を抱くのは当然であって、他の教授の授業を選んだ顔も知らぬ学生などは犠牲にして、自分の学生を後押ししようとするものだ。そのうえ、評価の甘い教授のほうがキャンパスでは人気がある。そうした寛大さの費用が学校全体に拡散する一方で、便益は教授自身の教室に集中する。だから教授は寛大になりがちなのだ。したがって問題は、教授の利益と大学の利益のギャップにある。どんな解決策であっても、そのギャップを埋めることから考えなければならない。

そこで登場するのが「終身在職権」である。

終身在職権のない教授は、企業の社債保有者のようなもので、さしあたって大学なり企業が赤字にならずにやっていればそれで満足する。一方、終身在職権のある教授は、大学なり企業と永続的な利害関係を持つことになる。教授に雇用保障を与えるのは、連邦準備制度理事会の理事長に雇用保障を与えるのと同じ理由からである。それによって、長期的な展望を大切にする健全な姿勢を植えつけることになるのだ。ただし、終身在職権も、せいぜいインセンティブをめぐる問題の一部を解決しているにすぎない。なぜなら、終身在職権のある教授でも、自分が属する大学の成功と失敗のほんの一部を担っているだけだからだ。そこでいくつか改善案を提示したい。

第一に、大学の成績証明書に、それぞれの教授が割り振った成績の全体的な配分を示したらどうだろうか。雇用主は、そういう事情を踏まえて個々の成績を解釈することができるはずだ。そうすれば、評価の甘い教授は同僚の信頼性を損なうことなく、自分の信頼性だけを損なうことになる。

第二に、学部事務局は各教授にAやBの数を限定した「成績予算」を割り当てたらどうだろう。いったん一〇個のAを与えてしまったら、翌年までもうAをつけられないといった具合にである。

この成績予算が相対評価と違う点は、もし教授があるクラスよりも別のクラスに高い評価を多く与えたければ、それができるということだ。それでもあるときには、純粋にAに値する学生が四人にいるのに、予算的には三つのAしか許されないということもあるだろう。四人のうちの一人は、不当な損害を受けることになる。しかしそもそも成績インフレによって不当な損害を受けているのは、まさに「Aレベル」の学生たちなのだ。

問題は、いかにして不公平を取り除くかではなく、いかにしてその不公平を最小限に抑えるかということである。

個々の教授にとって、成績予算は窮屈な足かせとなるだろう。だからと言って、必ずしも悪いことにはならない。経済学の論理からわかるのは、すべての人が公共の川を汚染している場合、強制的な緩和策を持ち込むことで誰もが便益を得られるということである。制約されるのは苦しいものだが、隣人も一緒だとしたら、価値がある場合もあるのだ。成績予算の場合で言えば、教授がつけられるAの数は以前よりも少なくなるが、そうしてつけられたAにははるかに価値があるということになる。

だが、成績予算がそんなにいいものだとしたら、なぜ実施されないのだろうか？

それは経済学ではなく政治学の問題なので、別の専門家に訊いていただくほうがいいかもしれない。こういった場合、どこに向かうべきかを明らかにするのが経済学者の仕事であり、ここからそこに到達できないのはなぜなのかを明らかにするのが政治学者の仕事であるからだ。

待ち行列を短くする方法

あなたが行列に並ぶ時間は長すぎる。

それは漠然とした価値判断の問題ではなく、厳密な経済計算である。前に並んでいる人たちは、あなたの時間を無駄にしているのに、誰一人そのことを気にしていないのだ。ちょっとした災難のタネである。私が行列であなたの前に立つということは、落ち葉をあなたの庭に捨てたり、割り勘だからといってデザートを頼んだりするのと同じことだ。費用をまったく意識していないため、きっとやりすぎてしまうのだ。後ろに一〇人を並ばせたまま、三〇秒かけて何かを飲めば、人に五分相当の費用を押しつけたことになる。その飲み物に本当にそれだけの価値がある確率はどれぐらいだろうか？　もし自分が五分を失うとしたら、私はその飲み物のためにじっと待つだろうか？

原理上は、これに対する市場の解決策というものがある。私があなたの前にいたとしたら、あなたは私に金を払って立ち去らせることも、後ろにいる人たちから寄付を集めて私に金を払って立ち去らせることもできる。そうしないのは、交渉するのが面倒だったり、自分の金に「ただ乗り」する奴がいないか心配だったり、どこかの経済オタクみたいに思われたくなかったりするからだ。そうして、あなたも私もお互いのためになる交渉の機会を逃すことになるというのは、とても不幸なことだ。そこで別の解決策を教えよう。

ルールを変えて、後から来た人は、列の最後尾ではなく先頭に入ることにするのだ。そうすれば、行列の後方にいる人たちはあきらめて帰っていくだろう。実際にはいったん列を離れて、今来たふりをして並ぼうとするだろうが、さしあたってそれはどうにか防げるものとしよう。平均して私たちの待ち時間は短縮され、みんなが幸せになるはずだ。

まともじゃないと思われるなら、一つの例を考えてみよう。

街の公園にある水飲み場を想像していただきたい。同じぐらいのどの渇いたジョギング中の人たちが、次から次へとやってくる。ジョガーは、同じ水飲み場の行列を見て並ぶかどうかを決める。みんな同じぐらいのどが渇いているので、並んでもいいと思える行列の長さの上限も同じである。仮に上限を一二人としよう。水飲み場に一二人が並んでいるかぎり、ジョガーは通りすぎてしまう。行列が一二人になったとしても、すぐに誰かがその列に加わるので、また元どおり一二人になる。

これでは悲惨である。つまり行列は常に人が耐えられる最大の長さだということだ。行列に並んでいる人のほうが、行列を尻目に走りすぎる人より満足しているということはないだろう。もし彼らのほうが満足をしていたら、行列はさらに長くなるはずだ。誰も幸福になれないのなら、水飲み場は最初からないほうがいいという話にもなる。

だが、もし後から来た人を行列の先頭に行かせたらどういうことになるだろうか？　次々と人が来ると仮定した場合、二番目に並んでいる人は絶対に水にありつけないことになる。自分の番が来る前に、誰かが前に割り込んでくるのだ。したがって、誰かが水を飲んでいるかぎり、走りすぎるほうがいいことになる。だが幸運なことに、ちょうど誰かが飲み終わった瞬間に到着したら、すぐに自分の番になるのだ。

すばらしい成り行きではないだろうか。誰も行列に並んで時間を無駄にしていないからだ。しかしそれでは、たくさんの人がけっして水を飲めないというマイナス面があると思うかもしれないが、それは錯覚である。今までの方法でも、行列が長すぎて並ばないたくさんの人たちは水を飲めないのだ。どちらの方法でも、水飲み場は常に使用されているので、まったく同じ数の人がありついている。違うのは、行列の長さだけである。

さて、この例にもう少し現実味を加えてみよう。次々と人が来るのではなく、予期しないときにばらばらにやってくるものと仮定しよう。すると、後から来た人は常に先頭に入れるのだから、どんなときも水飲み場で立ち止まる価値があることになる。だが、まだ水を飲み終えないうちに誰かがやってきたら、後ろに追いやられてしまう。どんどん後ろに追いやられたら、結局その場を離れるだろう。そうなると行列はいつも短いから、これは良いことである。

いや良いどころか、これは理想的なことである。常にちょうどいい長さの行列ができるからだ。その根拠はこうだ。

行列に加わるほうは何も考える必要はない。唯一難しいのは、いつ行列を離れるかという決断だ。そしてその決断を下すのは後方にいる人であり、その人が行列に残っても誰にも害を与えないし、行列を離れても誰かのためになるわけでもない。

言い換えれば、この意思決定者はみずからの行動の費用と便益を十分に意識しているということなのだ！　そしてまさにそれこそが、完璧な結果をもたらす処方である。

ところで、この話は多くの仮定に基づいている。人々にはいつ行列を離れるべきかを知る十分な情報があると仮定した。それは、現在の行列の長さと、後ろから来る人の期待度数のどちらも知っているという意味である。また、人々は同じぐらいのどが渇いていると仮定した。そうでなければ、さほどのどが渇いていない人が来て、それよりものどが渇いている人と入れ替わったら、まずいことになる。そして、最後尾をいったん離れて先頭に入ろうとする人も防げるものと仮定している。ちょうど従来の方法が、人々に割り込ませない策があるという仮定に基づいているのと同じようにである。

こうした想定はすべて、電話によるカスタマーサービスの順番待ちでも似たようなものになる。ウィンドウズのインストール方法を教えてもらおうと、マイクロソフト社に電話したとする。最初の録音メッセージが、電話がかかってくる平均的な頻度を告げ、後からかかってきた電話が常に順番が先になることを説明する。さらにほぼ一分ごとに、新たな録音メッセージが、順番がどのぐらいになったかを知らせてくる。いったん電話を切ってかけ直してとしても、「発信者番号通知システム」によってつながらないようになっている。そして本当に緊急の用件がある人のためには、水飲み場で死ぬほどのどが渇いている人のように、料金を払えば並べる別の行列が用意されている。

正気の沙汰ではないと思われるだろうか？　それはおそらく、平均して待ち時間がどれほど短縮されるかを考えようとしないからだ。奇想もここまでくれば、かえってうまくいくかもしれない。

第4章

費用と便益の実証経済学

1　生と死にかかわる問題

「人工呼吸器保険」の優先順位

二〇〇六年、ベイラー地域医療センターに入院していたティルハス・ハブティギリスという二七歳の女性患者が、医療費が支払えなかったために人工呼吸器を取り外された。

テキサス州ダラスの新聞が報じた記事によると、病院側は一〇日前にハブティギリスに通告したが支払いがなかったため、一一日目に生命維持装置を取り外したという。それから約一五分後に、ハブティギリスは息を引き取った。

この報道に対して、『デイリー・コス』の執筆者である「ユカタンマン」を筆頭としたブロガーたちが怒りの声を上げた。思いやりの対極にある経済上の考慮から人工呼吸器を外す決定を下したことに憤ったのだ。ベイラー側はほどなく声明を発表し、今回の決定にはいかなる経済上の考慮も働いておらず、費用便益分析もいっさい行っていないと反論した。

私は、ベイラー側の言葉が嘘であることを心から願っている。費用便益分析とは、つまるところ、成り行きを考慮することをそれらしく言い換えたにすぎないのだ。成り行きを考慮することなく一人の女性の人工呼吸器を外すなど、どこまで非道な人間のすることだろうか。

成り行きの一つとして考えられるのは、ハブティギリスさんの人工呼吸器を外せば、他の人がそれを使えるということだ。その人のニーズが深刻であるほど、彼女から人工呼吸器を外そうという気持ちは強くなる。これが費用便益分析というものだ。そして同時に、それが思いやりの表現でもあるのだ。思いやりと経済上の考慮は、けっして対立するものではない。どちらも、人々のニーズに応えようとすることだからである。

たとえば、貧しい人々に「今どうしても必要なものは何か」と尋ねたら、「人工呼吸器の使用保証」はかなり下位にランクされるにちがいない。調査したわけではないが、きっとミルクなどのほうが「人工呼吸器保険」よりも優先順位のずっと上位に来ることだろう。人工呼吸器保険と言うのは、毎月保険料を払う正式な契約のことではなく、医療費が払えなくなったとしても、人工呼吸器を外さないという社会としての確約のことである。ユカタンマンや他のブロガーたちは、思いやりのある社会ならその種の人工呼吸器保険を提供するのが当然だと主張したが、私の意見は正反対である。

試算してみたところ、人工呼吸器を一生涯保障するとなると、社会が負担する費用は一人約七五ドルになる。これは、人工呼吸器を一台供給するための費用に、実際にそれが必要となる確率をかけて割り出した数字だ。もしティルハス・ハブティギリスが二一歳の誕生日に七五ドル分のプレゼントを選んでいいと言われたら、まず人工呼吸器保険は選ばなかっただろう。七五ドル分の食料品を希望したかもしれないし、新しい靴が欲しいと言ったかもしれない。あるいはiTUNESで何十曲もダウンロードすることにしたかもしれない。だが人工呼吸器保険ではなかったはずだ。

相手が欲しがってもいないプレゼントをすることは、思いやりでも何でもない。ミルクと卵を望む人に人工呼吸器保険を贈ることも、思いやりでも何でもない。人の意向を無視することは、まさに思いやりとは正反対の行為かもしれないのだ。

豊かな人々が、自主的にであれ税制を通してであれ、貧しい人々をどの程度援助すべきかについてはさまざまな意見があることだろう。だが金を出す以上は、最も役に立つかたちで使われるべきだということは確かである。

したがって、本当のトレードオフは「人工呼吸器対ミルク」ではなく「人工呼吸器対減税」、あるいは「人工呼吸器対戦争」であるなどと議論するのは無意味なことだ。貧しい人々を助けるためにもっと金を使うべきだと言うことと、現在ある金を無駄に使ってもいいと言うことはまったく別の話である。

『デイリー・コス』のブロガーたちは、医療費を支払えない人々全員に対して人工呼吸器を保証すべきだと主張する。だが同じ費用で一人一人に、人工呼吸器保険と七五ドルの現金のどちらかを選んでもらうこともできるのだ。

おそらくティルハス・ハブティギリスは現金を選んだと思う。その後病気になり、その選択を後悔したことだろう。そして私たち社会は、前とまったく同じ立場に置かれることになる。つまり、ハブティギリスがわずかに長く生きられるように責任を取るかどうかの決断を下さなければならないのだ。

そのとき、救いたいという人間としての強い本能が働くだろう。正確に言うと、誰かが救ってくれることを望む強い本能が働くのだ。ハブティギリス事件以降、貧しい人々に人工呼吸器を保証するための資金集めを始めたものなど、『デイリー・コス』の中には一人もいないはずだ。いずれにしても選択はしなければならない。人工呼吸器を必要とする全員を助けようとすれば、同じ人々を別のかたちで助けるための出費を減らすことになる。私なら、別のかたちで助けたいと思う。

こうした内容のことを『スレート』に発表したところ、エコノミストのロバート・フランクに、「同情や共感といった道徳的感情をまるで無視している」と『ニューヨーク・タイムス』紙のコラムで非難された。フランク教授は、政府が貧しい人々に人工呼吸器を提供するべきだと主張している。だが、多くの人工呼吸器を提供するためには、人工呼吸器を買い足さなければならない。つまり基本的にフランク教授は、貧しい人々を助けるための資金が一〇〇万ドルあるとしたら、人工呼吸器を何台か購入すると言っているわけだ。しかし私なら、ミルクと卵を買いたいと思う。

フランク教授も、貧しい人々はほぼ全員がミルクと卵を選ぶだろうと認めている。驚くべきことに、それでも人工呼吸器の購入に賛成するのは、そのほうが人々の気が済むからだというのだ！　だが自分の気が済むように、他の人の必要性を無視することは、まさに同情や共感の対極に位置している。

経済上の考慮を計算に入れるということは、本質的に、人々が最も大切に思うものを与えようと努めることなのだ。言い換えれば、真の思いやりが生まれるのは、経済上の考慮があればこそなのである。

「特定された命」と「統計上の命」

何年も前の話だが、ノーベル経済学賞を受賞したトーマス・シェリングがこんな疑問を投げかけた。「なぜ地域社会は、誰であるかがはっきりしている一人の被害者（たとえば、生き埋めになった炭坑夫）の命を救うためには何百万ドルと使うことがあるのに、年平均一人の命を救うことになる高速道路のガードレールには、たとえ二〇万ドルでも出そうとしないのだろうか？」

シェリング自身の答えは、生き埋めになった炭坑夫やティルハス・ハブティギリスのような「特定された命」と、誰だかわからないガードレールの受益者のような「統計上の命」を区別するからだというものだった。

ロバート・フランクも、こうした分類を採用している。どういうわけか、私たちは「統計上の命」よりも「特定された命」を重視することになっているらしい。さらにそのことが、ミルクを欲しがっている人々に人工呼吸器を与えることを正当化するらしいのだ。

だが「特定された命」と「統計上の命」を分類することは、筋が通らないうえに道徳的に無神経で、成り立つことさえあり得ない。まずどの時点で生命は統計上のものから特定されたものになるのだろうか？　たった今ニュースで、ウェストヴァージニア州で炭坑夫が生き埋めになったと聞いたとする。その時点では彼について何も知らないのだから「統計上の命」に分類されるのだろう。ではいつ、その命は特定されるのだろうか？　名前がわかったときだろうか？　それとも、彼の子どもたちの名前を知ったときだろうか？　あるいは彼が住む町の名前を知ったときだろうか？　とにかく、明確な境界線は存在しないのである。

炭坑夫が生き埋めになった瞬間に「特定された命」になるのではないかと思うかもしれないが、私に言わせればそれも同じぐらい恣意的である。昨日の時点で、ウェストヴァージニアの炭坑で働く一万人のうち、少なくとも一人はまず間違いなくいつかは生き埋めになると思っていたが、それが誰なのかはまったくわからなかった。そして今日、生き埋めになった炭坑夫がいることは知っているが、それが誰なのかはわからない。昨日と今日の状況に大きな違いがあるようには思えないのだ。

「特定された命」と「統計上の命」を区別するのは道徳的に無神経なことである。基準が何であれ、たまたま名前を知っているというだけで、同じ他人なのに片方だけを気にかけなければならないのだろうか？　もし一〇〇万ドルで救えるのが、人工呼吸器を付けたよく知っている他人一人か、あるいは炭坑に閉じ込められたまったく何も知らない他人一〇人のどちらかだとしたら、私はいつでも一つの「特定された命」よりも、一〇人の「統計上の命」を救うだろう。そうしなければ道徳的に非難されてもしかたないだろう。

たしかに何かしら知っている相手に資源を注ぎ込みたいというのが人間の本能である。人類の長い歴史の中で、最もよく知っている人というのは最も近い血縁者であることがほとんどだったからだ。だがインターネットの時代において、もはやそれはあてはまらない。そして、特定できる命を選ぼうとする態度は、気に入らない相手に糞を投げつける原始人の本能と同じぐらい古くさいことなのだ。

「特定された命」と「統計上の命」という分類は、成立させたくとも不可能である。不特定の命を救うための予算の上限が二〇万ドルで、特定の命を救うためには一〇〇〇万ドルまではね上がるという政策は単純にありえない。なぜなら、どんな不特定の命もいつかは特定の命になるからだ。今年後半になって延命処置が必要となることがわかっている一〇〇人について、一人当たり二〇万ドルを支払う用意があるとして、名前を知った時点でその額を一〇〇〇万ドルにするというのなら、最初から一〇〇〇万ドル支払えばいいということになる。

この「特定された命」と「統計上の命」を区別するという理屈が言っていることは、基本的に一人の死よりも、たまたま目に見えないのならば三人の死のほうを望むべきだということだ。私自身は、本人が望む通りに、とりわけ貧しい人々を助けようとする世界、そして命の価値が、たまたま知っている人かどうかで変わったりはしない世界に住みたいと思う。

キングコングの脅威

たとえば一〇〇万人に一人の確率で死ぬかもしれない有毒化学物質をばらまけば、一人五ドルの減税になると言われても、誰もそんなことはしない。だが同じ毒物をばらまくことで一人二〇ドルの減税になるとしたら、多くの人がおそらく実行するだろう。この程度のリスクであれば、ほとんどの人は五ドル豊かになるよりも安全のほうを選ぶが、二〇ドル豊かになれるのなら、安全よりもそちらを取ることがわかっているからだ。

また、ハーバード大学の法学教授であるキップ・ヴィスクージは、一〇〇万分の一の確率で死ぬ危険を避けるために平均的なアメリカ人が支払う金額を約五ドルと見積もっている。ブルーカラーの女性の場合はそれが七ドル近くになり、ブルーカラーの男性の場合はさらに高くなる（ブルーカラーの労働者のほうが、ホワイトカラーの労働者よりも、安全に対して多く支払うのである。その理由は不明だが、データがそう示している）。

エコノミストがこの研究成果を要約すると、平均的なアメリカ人の命の価値は約五〇〇万ドルであるということになる。命の価値を測る方法は他にもある。化学者なら、人体を構成する化合物の市場価格を基に計算するかもしれない。会計士なら、将来所得の現在価値を計算するかもしれないし、神学者なら、命を金に換えることはできないと言うかもしれない。どういう問題を解決したいかによって、どの計算方法を採用するかも変わってくる。ただ人々をより幸福にするという問題を解決したいなら、経済学的な計算が頼りになることが多い。

あなたの命の価値は、五〇〇万ドルから一〇〇〇万ドルのあいだと想定される（ここでは切り上げて一〇〇〇万ドルとする）。だからと言って、その値段で自分の命を売り渡すということではない。きっと、その一〇倍でも売るとは思えない。小さなリスクを回避するために進んで支払う金額の尺度にすぎないが、多くの問題点に答えるために知っておく必要のある金額なのだ。

仮にキングコングが三億人のアメリカ人のうち三〇〇人を殺すと考えられるとしたら、その犠牲となる確率は一〇〇万分の一である。そして、三億ドル相当のサル忌避剤（人を救うのに一〇〇万ドルかかるということだ）でコングを阻止できるとしたら、国民が負担する税金は一人当たり約一ドルである。安い買い物ではないか。

しかし、コングを阻止するのに三〇〇億ドルかかるとしたら、好きにさせたほうがいい。一人当たりの負担は一〇〇ドルになるが、ヴィスクージ教授の研究が示す通り、一〇〇万分の一の確率で死ぬ危険を避けるためにそれだけ払う人間はまずいないからだ。つまりコングを野放しにするのは、人々の選択を尊重してのことである。そして、巨大なサルが暴れ回る世界で、最大限人々を満足させるためである。

現実に巨大なサルの脅威はないが、テロリストや交通事故や路上犯罪や環境災害の危険が私たちを脅かしている。そうしたリスクを軽減するために、政府はいくら費やせばいいのだろうか？　その答えは人々が望む分だけで、それ以上である必要はない。おおざっぱに言って、それが一人当たり一〇〇〇万ドルなのだ。

運転中の携帯電話使用の費用と便益

ナショナル・パブリック・ラジオの『カー・トーク』でパーソナリティーを務める「クリックとクラックのタペット兄弟」は、五〇の州すべてで運転中の携帯電話の使用禁止を求めた。

運転中の通話には、命にかかわる危険が伴う。これについては多くの証拠があり、疑いの余地はほとんどない。携帯電話の使用は、事故の危険性をおよそ四〇〇％高める。しかし、「運転中の通話は命にかかわる」から「運転中の通話は悪いことである」とするのは飛躍のしすぎであり、証明もされていないことだ。結局、危険であっても悪くはないことはたくさんある。たとえば、運転そのものがいい例だろう。家で寝ているのに比べたら、ハンドルを握るだけで事故の危険性は四〇〇％どころかもっと高くなる。だが今のところ、タペット兄弟も運転を禁止しろとまでは言っていない。

それはおそらく、彼らにも運転の便益が費用を上回ることがわかっているからだ。たとえその費用に国内で毎年数万人の事故による死亡者が含まれているとしても。そして、たとえその費用を負担するのが便益を得ている人々にかぎらないとしても。つまりタペット兄弟は費用便益分析が公共政策の正当な基盤であることを暗に認めているわけだ。だが議論の出発点としてそうした分析を突きつけられたタペット兄弟は、辛辣な言葉と嘘で応酬したのだった。

その分析を手がけたブルッキングス・インスティテューションのロバート・ハーン、ポール・テトロック、そしてジェイソン・バーネットという三人のエコノミストは、ドライバーの携帯電話はたしかに危険だが、それでも結局は良いことであると結論づけている。これに対してタペット兄弟は、こう言ってブルッキングスの研究を退けた。

「これこそまさに、運転しながら通話することが、経済にはとてつもない価値があることを示す経済分析である。もちろん、あくまでも事故による負傷や、失われた命や、痛みや苦しみを計算に入れなければの話だが！」

しかし、ハーン＝テトロック＝バーネットの研究は、まさに携帯電話が関連した事故による負傷や、失われた命や、痛みや苦しみを計算に入れることがすべてなのである。三人は、運転中の携帯電話の使用が原因で、年間三〇〇人の死亡者、三万八〇〇〇人の命に別状のない負傷者、そして二〇万台の損傷車両が発生していると推測している。彼らの目標は、これらの費用を、ドライバーが携帯電話を使用することの便益と比較検討することだった。

『ニューヨーク・タイムス』紙に送った投書の中で、タペット兄弟はそうした三〇〇人の死亡者の一人である、モーガン・リーという名の二歳半の女の子を取り上げてこう問いかけた。

「ハーン氏は、どこから見ても身勝手な行動が招いた不幸と悲しみを説明するために、そのお上品で汚れのない経済モデルにどれほどの値段をあてはめるのだろうか」

もし兄弟が、はなから非難することに決めたこのレポートを読んでいれば、答えが見つかったはずだ。その価格は、キップ・ヴィスクージの分析に基づき広く用いられている基準で言うと、約六六〇万ドルである(キングコングのくだりでは、この数字を切り上げて一〇〇〇万ドルとした)。

ハーン氏とその共同研究者は、死亡者にそれぞれ六六〇万ドルの値を付け、そこに負傷や損傷車両の費用を加算することで、運転中の携帯電話の使用がもたらす損害は年間四六億ドルに相当すると試算した。それが、ドライバーに携帯電話の使用を許すことの費用である。かなり大きな費用にはちがいないが、高くつくものすべてが悪いとはかぎらない。それが悪いかどうかを見極めるためには費用と便益をはかりにかける必要がある。

この場合の便益の計算方法はこうだ。携帯電話による通話の価値は、それに対して支払っていいと思える金額から、実際に支払った金額を差し引いた額に相当する。支払っていいと思える金額は、需要調査を基に推測する。実際に支払った金額は、もちろん実際の携帯電話料金請求書から割り出す。こうした計算からハーンたちは、運転中の携帯電話による通話の価値は年間二五〇億ドルにのぼると結論づけた。二五〇億ドルの便益となれば、四六億ドルの費用は比べるまでもない。したがってハーンとその共同研究者によれば、ドライバーにとっての携帯電話は結局良いものであるということになる。

だが実は、私はいくつかの理由からこの説には賛成しかねる。

第一に、ドライバーたちの通話の多くは、次のサービスエリアまで待っても差し支えのないものであるはずだ。そうした通話を運転中の携帯電話使用の便益に含めるべきではない。なぜなら、たとえ運転中の通話が禁止されたとしても影響を受けないからだ。したがって、ハーンたちもレポート後半の注釈で認めているように、運転中の通話の正味の便益は、おそらく二五〇億ドルをはるかに下回るだろう。それでも、四六億ドルの費用を優に上回るというのが彼らの考えだが、現時点では推測にすぎない。

さらにハーンたちは、費用に関して表に出てこない重要な要素を見落としている。死亡者を計算に入れ、負傷者を計算に入れ、物的損害を計算に入れたところまではいい。だが、携帯電話のせいで危険が増すからと言って、車に乗らなくなった人々の不便を計算していない。そうした人々は死んでもいないし怪我もしていないから統計には現れないが、実質的な費用を負担しているのだ。

結局、運転中の携帯電話の使用が良いことなのか悪いことなのか、私にはわからない。それでもタペット兄弟とは違って、法制化を求める前にそのことについて考えたいとは思っている。

そして、数字には実際大きな意味がある。ハーンたちの計算をやり直してみて、禁止することの費用がたとえば一〇〇億ドルだったとする。そのとき、タペット兄弟がそれほど大事に考えている禁止令は何を達成するのだろうか？　ドライバーたちは、三〇〇人の死（プラス、いくらかの負傷や物的損害）を避けるという便益のために一〇〇億ドルを投げ出すのだ。まさに死ぬことになる人々の基準に照らしても、そんな割に合わない取引はない。その値段なら、ほとんどの人は携帯電話を手放すよりも、不運な三〇〇人の中に入るリスクを取るだろう。

あるいは、携帯電話を禁止することの費用は一〇億ドルにすぎないかもしれない。その場合は禁止は良い考えかもしれない。つまり正しい数字を引き出す価値は大いにあるということだ。ハーンとその共同研究者は、少なくともその方向に進み始めた。私としては、さらに慎重な研究があとに続くことを望むだけである。

「一〇人の有罪人」という基準

二〇〇年以上も前、ウィリアム・ブラックストンという法律家が、「一人でも無実の人間を苦しませるなら、一〇人の有罪人を釈放するほうがましだ」と言明した。

なぜ一二人や八人ではなく、一〇人なのだろうか？　ブラックストンは、その一〇という数字をどこからともなく引っぱり出すことで、刑事司法制度を構築する際に生じるトレードオフについて考えることにきっぱりと背を向けたのだ。にもかかわらず、その後二世紀以上にわたって、法学者たちはブラックストンの思考の拒否を引き合いに出しては、それを思考の見本とする誤りを犯し続けている。

もちろん、無実の人に有罪を宣告するのは悪いことである。難しいのは、間違った有罪判決を避けるためなら、間違った無罪判決をいくつまで許せるかを決めることだ。その数には意味がある。それが一〇なのか、一二なのか八なのかが重要なのである。なぜなら、刑法を書き直したり、証拠法則を修正したりするたびに、そのトレードオフの条件を調整することになるからだ。したがって、どういう条件を目ざすかを考えるに値する数字でなければならない。つまりそれは、費用について考えるということだ。

間違った有罪の人々にとっての費用は、自分が刑務所送りになる不運な無実の人間になるかもしれないことである。間違った無罪の人々にとっての費用は、釈放されたばかりの犯罪者（あるいはそうした間違った無罪のおかげですっかりつけあがった他の犯罪者）と出くわすかもしれないことである。「一〇人の有罪人」という基準は、リスクをひとまとめにして背負わせるということだ。その基準が「五人の有罪人」や「一〇〇人の有罪人」だとしたら、また別のリスクを背負うことになる。正しい基準とは、人々が好むほうの重荷を背負わせるものでなければならない。もっといいのは、誰もが同じ規則に従わなければならないのだから、ほとんどの人が好むものを正しい基準とすることである。

そういった観点からすると、「一〇人の有罪人」は基準としてはずいぶん厳しすぎるような気がする。一〇件の殺人事件の犯人が間違って無罪になるということは、釈放されたばかりの殺人者に出くわす可能性が一〇回あるということだ。一つの間違った有罪は、最悪の場合、電気椅子に座ることになる可能性が一回あるということである。どちらの可能性も好ましいものではないが、選べるとしたら、私なら後者を選択する。さらに言うなら、「三人の有罪人」という基準のほうが、誰もが満足できるのではないかと思う。罪を犯していることが七五%確実ならば、服役してもらう。四回に三回は正しく、四回に一回は間違えるが、その確率でいいと思うのだ。

場合によっては八〇%の確率だったり、九〇%、いや九五%の確率の場合もあるわけだが、その確率ならなおさら良い。合理的疑いを残さない境界は、ぎりぎり受け入れられる確率であるはずだ。

こんなことを言う人がいるかもしれない。「無実の人を刑務所送りにする可能性が少しでもあるかぎり、私は絶対に納得しない」。それに対して私は、「それを言うなら、ふたたび殺人を犯すかもしれない殺人者を釈放する可能性が少しでもあるかぎり、私も絶対に納得しない」という答えを返すこともできる。

刑事司法制度を撤廃するか、先手を打って国民全員を投獄でもしないかぎり、どちらの基準も満たすことはできない。どうしたってミスは犯すものだから、どういうミスの組み合わせがいちばん許容できるのかを真剣に考えるべきなのだ。たいていの場合、一種類のミスに限定するのが無難である。一度も飛行機に乗り遅れたことがないという人は、空港にいる時間が長すぎる。一度も無実の人に罪をきせたことがないというのなら、犯罪者を十分に有罪にしていないことになる。

私は、七五%が合理的な疑いを残さない基準でいいと考えている。少なくとも、警察官が几帳面で正直な人々である世界ならばそうだ。だが、警察官（やそれ以外の人々）が、気に入らない人に不利な証拠をでっちあげるような（あるいは、都合のいいスケープゴートにされた人の容疑を晴らす証拠をつかめないような）世界だとしたら、その基準ではかなり不安を感じるだろう。そうなると、ブラックストンが主張する九〇%何がしかに近いところまで、少しずつ境界線を上げたくなるだろう。結局ブラックストンは正しかったのかもしれない。それでもやはり、彼がきちんと考えてくれていればなお良かったと思うのである。

コンピュータ・ウィルスの作者を処刑せよ

殺人者を処刑するなら、コンピュータ・ウィルスの作者も処刑したらどうだろう？　計算してみたら、そのほうが良い投資になるようだ。

まず、殺人者を処刑することの価値とは何だろうか？　最も高い見積もりによると、一回の死刑執行が一〇件の殺人を抑止するとされている（これまでに見たいちばん高い数字は二四件だが、計量経済学におけるコンセンサス予想に似たものによると八件となっている）。すると、やはり最も高い見積もりによるところの約一〇〇〇万ドルの命が一〇人分救われるわけだ。つまり、殺人者を一人死刑にすることとの便益は、ざっと一〇〇〇万ドルの一〇倍で一億ドルということになるが、それはおそらく高く見積もりすぎだろう（抑止効果を過大評価していると思われるなら、それでもかまわない。下方修正することで、話がかえって説得力を増すことになるからだ）。

この金額を、コンピュータ・ワームやウィルスの作者を処刑することとの便益と比較してみよう。こうした人々にぴったりの呼び名がないので、これから彼らを「虫書き」と呼ぶことにする。虫書きとそれに関連する行為が世界に押しつけている費用は、年間五〇〇億ドルと推定される。

ここではっきりさせておくが、「推定される」というのは「インターネット上に書かれていた」という意味である。この数字は大きく膨れ上がっていると考えられるが、その理由はいくつかある。とくに被害にあった企業は、保険会社に請求する際に被害額を大きく言う傾向があるからだ。だが進行上、この数字を生かすことにする。あとからいくらでも修正は可能だ。

五〇〇億ドルを前提にした場合、殺人者を一人死刑にするのと同じ一億ドルの便益を得るためには、一年だけ虫書き全体のわずか〇・二%を抑止するだけでいいことになる。〇・二%以上の抑止効果、そして二年目以降も残る何がしかの効果は、すべて余得ということになる。

便益はこれでいいとして、費用はどうだろうか?

死刑の費用は一つの命である。たいていは罪を犯した人間の命(と願いたいもの)だが、ときには間違って有罪にされた無実の人間の命という可能性もある。問題は、有罪判決を受けた平均的な殺人者と、有罪判決を受けた平均的な虫書きとでは、どちらの命の価値が高いかということである。

おそらくは後者だろう。殺人者に比べれば、虫書きのほうが更生しやすいだろうし、活かせるスキルを持っていると思われるからだ(この利点を相殺する要素としては、同じスキルがさらに悪用される可能性というものがある)。虫書きに大きく有利にバイアスをかけて、平均的な殺人者の命の価値をゼロ、平均的な虫書きの命の価値を一億ドル(先ほどの一〇〇人の命の価値と同等である)ということにする。

その場合、当然私たちは虫書きのほうを死刑にすることを躊躇するだろう。だが、たとえそうだとしても、やはり殺人者よりも虫書きを死刑にするほうが断然良いかもしれない。なぜなら一人を死刑にすることで、二億ドル相当のコンピュータ上の破壊行為を抑止できれば、虫書きの命の費用である一億ドルを補ったうえにさらに得をするのである。それでもまだウィルスによる年間被害額の〇・四％に過ぎず、簡単にクリアできそうなハードルでもある。

純粋に費用と便益だけを考えるなら、殺人者よりも虫書きをまず処刑するべきである。だが、もちろん現実はそうではない。それはなぜなのか？

一つの答えはこれだ。

「こういったことは、数字などに置き換えられるものではない。どこかのエコノミストが、人間の命の価値は七〇〇万ドルであるとか、いや八〇〇万ドルだ、一〇〇〇万ドルだと言ったところで知ったことか。どこか抽象的な、学術的な意味でこれらの数字が面白いと思うのかもしれないが、賢明な政策決定をする際には何の役にも立たないのだ」

この答えが問題なのは、それが間違っているということである。

アメリカ国内の殺人をどれか一つ抑止できたとしたら、ほんの少しだけ安全になる。殺人の被害者になる確率が三億分の一ほど下がるのだ（アメリカの人口が約三億人だからである）。殺人者を一人死刑にして、一〇件の殺人が抑止できるなら、安全性はさらにその一〇倍になる。殺人の被害者になる確率が三〇〇〇万分の一まで下がるのだ。人の命の価値が一〇〇〇万ドルだというのは、一〇〇〇万ドルの三〇〇〇万分の一、約三三セントなら、人は追加の安全のために支払ってもいいと思うという意味である（実際は、これよりもっと少ない金額しか出す気はないかもしれない。なぜなら、死刑が執行されるごとに街は安全になるが、いつか間違って有罪とされ死刑になる危険性も増すからだ）。

一方、虫書きを一人死刑にすることで、たとえば一年に全コンピュータ・ウィルスの一％を駆除できたとする。悪質なハッキングによる五〇〇億ドルの費用の半分がアメリカに集中しているとして、相応の費用を負担している人には、およそ八三セントが戻ってくることになるのだ。安全と現金、あなたならどちらを選ぶだろうか？　アメリカ人のほとんどは現金を選ぶだろう。キップ・ヴィスクージらの研究が示しているのは、まさにそういうことだ。

殺人者を死刑にすれば安全が、虫書きを死刑にすれば現金がもたらされる。人々は、安全より現金が欲しい。ゆえに、虫書きを死刑にすることのほうが良い政策なのである。

この推論には少なくとも一つの例外が存在する。殺人者に対してはそうでもないが、虫書きに対しては非常に効力を発揮する、もう少し穏やかな刑罰が他にあるかもしれないということだ。悪質なハッカーを阻止するのに、「トゥインキーズ」（クリーム入りの小型スポンジケーキ。アメリカの定番ジャンクフードで、コンピュータ・オタクがよく食するイメージがある）の販売を停止するとか、「エバークエスト」（多人数同時参加型オンラインＲＰＧ）のアバターに不具合を生じさせるという策が功を奏するとしたら、彼らを電気椅子に送る必要はないのだ。それがうまくいくかどうかは実証的問題である。

もちろん、こうしたことはすべて机上の試算にすぎない。虫書きによる被害額の五〇〇億ドルという数字もインターネット上から持ってきたものであり、どこからともなく引っぱり出した数字よりも、さらにまだ少し信頼性に欠けるかもしれない。ここで挙げた数字は、正確なものもあればそうでないものもあるが、すべて概算である（死刑の道徳的な費用と便益についても触れていない。あるいは死刑は抑止力としてではなく、懲罰としてなら納得がいくと思う方もいるかもしれない。これは私見だが、政府の仕事は私たちの生活を改善することであり、道徳を押しつけることではない）。

したがって、これらの特定の数字をとくに積極的に擁護するつもりはないが、数字の使い方は強く擁護したい。政府とは、どういうわけか市場では買うことのできない保護を提供するために存在しているようである。政府が最もうまく機能しているのは、私たちが最も価値があると思う保護を提供しているときである。そうした政府の仕事ぶりを測るのも、私たちがみずから進んで費用と便益の計算をし、たとえそれが直感に反したものだとしても、計算が示す結果を尊重して初めてできることなのだ。そういう計算をしようとしない政策決定者は、基本的に政策というものを真剣に考えていないのである。

2　死者と胎児の経済学

自動車保険料は、なぜ高いのか？

かつてランダル・ライトという経済学の教授が、コーネル大学を辞めてペンシルヴァニア大学で教えることになり、愛車ダッジ・デイトナ・ターボを駆ってフィラデルフィアに乗り込んだ。ところがフィラデルフィア市民が支払っている自動車保険料の額（通常二五歳以上の既婚男性の場合年間三六〇〇ドル以上）を知ったライト教授は、車に乗ることを断念した。

もしあなたがフィラデルフィアに住んでいるとしたら、あなたの自動車保険料は、ミルウォーキーの約三倍、シアトルの二倍以上高いはずだ。フィラデルフィア市民は昔からずっと、盗難率がはるかに高いボルティモアやシカゴやクリーブランドの市民よりも高い保険料を支払っている。これを知ったライト教授が発した疑問は、やがて権威ある『アメリカン・エコノミック・レビュー』誌に掲載されることになる挑発的な論文のタイトルとなった。「なぜフィラデルフィアの自動車保険料は、かくもクソ高いのか？」。

誰もが最初に考えつくのは、そこには経済ではなく、州の監督当局の対応が大きく関わっているのではないかということである。ところが、事実はこの推測を裏づけてはくれない。

たとえばピッツバーグは、フィラデルフィアと同じ州内にあり、盗難率がフィラデルフィアの二倍以上であるにも関わらず、ライト教授もフィラデルフィアの半分以下の金額で保険をかけることができたのだ。同じように際立った対照は、他の州でも見られる。サンノゼの保険料は隣接するサンフランシスコよりもずっと安いし、ジャクソンヴィルはマイアミより、カンザスシティはセントルイスよりもはるかに安いのだ。

ライト教授がこうした矛盾に頭を抱えているころ、エリック・スミスというペンシルヴァニア大学の大学院生が交通事故に巻き込まれた。過失は相手方のドライバーにあったが、資産もなく自動車保険にも入っていなかったため、スミスは自分の保険を使わざるをえなかった。この不愉快な経験のおかげで、スミスとライトは保険料に関する新しい理論を思いついたのである。

その理論とは「無保険のドライバーが保険料を引き上げ、高い保険料が無保険のドライバーを増加させる」というものだ。

もう少し詳しく説明すると、無保険のドライバーが多すぎると、スミス氏のように過失がなくても自分の保険を使わなければならなくなる。このリスクを補填するために、保険会社は保険料を高く設定する。だが保険料が高くなれば、保険に加入しようとしない人が増えることになり、結果的に無保険のドライバーがあふれるという悪循環が生じる。いったんこうした悪循環に陥った都市は、そこから逃れられないのである。

つまり保険料というものは、自己達成的な予言によって決定されるということだ。誰もが大多数のドライバーは無保険であると予想すれば、保険会社は保険料を高く設定するので、多くのドライバーは保険に入らない。反対に、誰もがほとんどのドライバーは保険に加入していると予想するとしたら、保険会社は保険料を低く設定するようになり、保険に入るドライバーが増える。どちらの結末も、どんどん拍車がかかっていく。どちらの場合であっても、そこに陥ってしまった都市は、永久に抜け出せないことになる。

もしかすると、現代のフィラデルフィア市民が法外な保険料を払っているのは、彼らの祖父母の時代に悲観主義が爆発的に広まったことがあったからかもしれない。フィラデルフィア市民が過去のいっさいを忘れてほんの一瞬でいいから、保険料が下がって誰もが保険に入るのだと信じることができたら、そう信じるだけで保険料が下がり、保険に加入するドライバーが増えるかもしれないのだ。そうすれば、その後永遠にフィラデルフィアの保険市場はミルウォーキーと同じ様相を呈するだろう。

いや、違うかもしれない。もしフィラデルフィアが、ミルウォーキー並みの保険料でも入らないという「筋金入りの無保険者」ばかりが住む街だとしたら、ミルウォーキー型の結末も望めないのかもしれない。スミス＝ライト理論も「長期間低い保険料を維持する可能性があるのは一部の都市であって、すべてがそうではない」と推測している。

しかし、可能性がある都市ではぜひ実現してほしいものだ。その達成のための一つの方法は、強制保険法を施行することである。スミスとライトは、すでにほとんどの州が強制保険法を制定しているが、それと施行することとは別問題であり、前例はないに等しいと指摘する。さらに法律が施行されていたとしても、通常は最低負担限度額がきわめて低く、それもおそらく低すぎてあまり効果はないようだ。

理論上は強制保険によって、現時点では無保険を選択している人も含め全員の生活を改善することができる。三五〇〇ドルの保険には手を出さないフィラデルフィア市民も、五〇〇ドルの保険なら歓迎するかもしれない。したがって、強制保険が保険料を劇的に下げることになれば、既加入者も新規加入者もどちらも得をする（実際には、ごく一部の層、おそらく所得分布図の下のほうに位置する人々は、五〇〇ドルでも保険に取られることは不満かもしれない。だが、所得に基づいた保険補助制度があれば、最貧層も安い保険料の恩恵にあずかることができるだろう）。

私もその一人だが自由市場思想を標榜する者にとって、スミスとライトのような理論は頭の中で不協和音を奏でる。いつもは自由と繁栄を同時に保証するものとして自由市場を擁護しているのに、ここでは自由と繁栄が対立しているからだ。政府は、短期的に自己の利益に反する行動を強いることで、長期的には全員を豊かにすることができる（一部の自由意志論者は、そんな繁栄など幻想にすぎないと異論を唱えるかもしれない。人々を豊かにするための権限を与えられた政府は、間違いなくその権限を悪用して人々に損害を与えるようになるというのだ）。

自動車保険を安くするために、自由を少し犠牲にする価値はあるのだろうか？

私はその答えはイエスだと思いたいのだが、それでもこの疑問にはほんの少し身もだえしてしまう。

経済的自由と繁栄は無関係である

繁栄と経済的自由のあいだで選択を迫られることはほとんどない。この二つは連動するものだからだ。カナダのフレイザー研究所は、世界数十カ国のシンクタンクと共同で、各国の経済的自由度を一点から一〇点までで格付けした。評価が高いのは、小さな政府、低い税率、確立された財産権、そして機能する市場を有し、自由貿易を行っている国々である。現時点では香港が第一位、二位にシンガポールが続き、ニュージーランドとスイス、アメリカ合衆国が同点で三位に並んでいる。最下位に来るのはミャンマーだ。政治的自由は私の考えでは良いことなのだが、経済的自由とは異なり、繁栄とはほとんど関係がないようである。

経済的な自由と繁栄の両方を気にかける人間にとって、その目ざすところがほぼ一致しているというのはありがたいことである。ほとんどの場合、自由は繁栄を促進する。しかしいつもそうとはかぎらない。フィラデルフィアの自動車保険市場はそんな例外の一つである。

実際のところ、本書ではほとんど例外ばかり扱ってきた。私の費用便益分析によると、この世界には行きずりのセックスが（少なくとも性的に慎重な人々のあいだでは）不足していて、人口は少なすぎるし、美しい人は多すぎるか少なすぎるかのどちらかで（美しい人は目の保養にはなるが、注目されたいと思う他の人々から目をそらせてしまう）、創意は不足していて、本は多すぎるということになる。

これらの問題はすべて課税もしくは助成というかたちで対処できるが、そのためには少しばかりの経済的自由を犠牲にしなければならない。そして、そのトレードオフにもやはり私は身もだえする。

ノーベル経済学賞を受賞したアマルティア・センは、同種のトレードオフをさらに明確なかたちで突きつけた。宗教の自由を大切にしているが、それよりもポルノの禁止を望む気持ちのほうが倍ほど強い人々（「堅物」という）がいるとする。一方、エロ本を読む権利を大切にしているが、それよりも宗教全般の禁止を望む気持ちのほうが倍ほど強い人々（「好色家」という）がいるとする。ポルノと宗教の両方を禁止すれば、みんなが幸せになるが、同時にみんなが少し自由を失う。それは良いことなのだろうか？

センが提示したジレンマは、実際にはありそうもない。なぜなら、禁書に反発する人が必ず存在するので全員が幸せになることはないからだ。実際問題、満場一致の支持を得られるかどうかで政策を判断することはない。その代わりに費用便益分析のような、より柔軟な基準を採用するわけである。ある政策の便益が費用を上回るときに良い政策と見なされるが、その便益（または費用）は、政策の支持者（または反対者）が、それを成立（または否決）させるためにどれだけ支払う意思があるのかによって測られる。

センのジレンマは費用／便益という文脈においてもふたたびその存在を主張するので、やはりそれを避けることはできない。たとえば私がポール・クルーグマンの反体制的な著作を読むのに二〇ドル支払ってもいいと思い、あなたは四〇ドル支払ってそれを阻止するつもりだとする。厳密な費用便益分析に従えば、クルーグマンの著書は禁止されるべきだということになる。

ほとんどの人はそんな結果は気に入らないだろうから、できれば避けたいところである。一つの解決法は、単純に「精神的な費用は数に入れない」と宣言してしまうことだ。もしあなたが鼻を殴られたくないとしたら、その気持ちが費用便益計算に入れられて、鼻を殴ることを抑止する法律ができるきっかけになるかもしれない。だがもしあなたが、私がクルーグマンを読むことなど知りたくないとしても、それはあなただけの問題だということになる。

この考え方は魅力的に思えるかもしれないが、同時に悲しいほどつじつまが合わないのだ。私のクルーグマンを読む習慣と、あなたの鼻を殴る習慣が同じぐらいあなたにとって苦痛だとしたら、なぜ公共政策は片方だけを抑止するべきなのだろうか?

一つの答えは、精神的な費用は簡単に誇張できるので、数に入れるべきではないというものだ。誰もが一〇〇万ドル相当の精神的苦痛を被ったと主張することはできるが、それが単なるでっちあげかどうかは判断のしようがない。もう一つの答えは、精神的な費用を考慮するようになれば、人はあえてそれを感じるように訓練するからというものだ。

どちらの答えも私には十分に納得のいくものではない。それでも私の本能は、精神的な費用は考慮すべきではないと告げている。一方で、さっさとブラウニーをもう一つ食べてしまえと囁き続けるのもこの同じ本能なので、どこまで信用できるのか定かではない。

精神的な費用の裏には精神的な便益がある。アメリカ陸軍工兵隊は、ワシントン州東部のスネーク川のダム撤去問題に関わる費用便益分析の際に、彼らが言うところの「存在価値」を計算に入れた。川が滔々と流れているというだけで、人々が得られる精神的な便益の価値である。

　原理上は、存在価値は完全に理にかなっている。あなたのアグネスおばさんが、スネーク川にダムがあることがどうしても耐えられないとしたら、その苦しみはダムを維持することの実質費用にちがいない。そうなるともちろん、アグネスおばさんが、人々が『ニューヨーク・タイムス』を読むと考えるだけで耐えられないとしたら、その苦しみは言論の自由を許していることの実質費用になる。矛盾のない考え方ができるなら、二つの要望のどちらにも応えるか、あるいはどちらにも応えないかのどちらかしかない。

万人を平等に扱う費用便益分析

　だが、なぜそもそも費用と便益という観点から考えようとするのだろうか？

　手っ取り早く、しかも不完全な答えは、費用と便益こそ人々が気にすることであり、それを考慮に入れることが人間の条件を改善するいちばんの近道だからであるというものである。それに私は、費用便益分析が万人を平等に扱ってくれるところが気に入っている。誰が負担しようと費用は費用であり、誰が得ようと便益は便益なのだ。

　学生たちは、費用便益分析は金持ちに力を与えすぎると、よく反論してくる。

　たとえば私が気に入ってよく登る木が、たまたまビル・ゲイツ家のリビングルームからの眺めをさえぎっているとする。その木を守るために私は一〇〇ドル支払ってもいいと考えているが、ビルは五〇万ドル支払ってでも木を切り倒したいと考えている。木を切り倒すことは、私に一〇〇ドルの費用を押しつけるが、ビルには五〇万ドルの便益を与える。したがって、本物の費用便益分析信奉者であれば、木は切るべきだと判断することになる。金持ちの勝ちである。

これに対しては、私はいくつかの反論を用意してある。

まず注目に値するのは、問題となっているのが木ではなく事業資産だとしたら、ビルの富は関係ないということである。資産が一〇〇〇ドルの利益を上げるものなら、それがその資産に対して彼が支払ってもいいと考える額であり、裕福だろうと貧しかろうと関係ない。

第二に、対象が木の場合、ビルの富が大いに有利であることは確かだ。だが、富が大いに有利になる状況は、山ほどあるのだ。たとえば不動産市場である。ビルは私よりもずっと大きな家に住んでいるが、それは二人の相対的な所得と関係がないわけではない。それが良くない結果だと思われるとしたら、その不平は、費用／便益の基準ではなく富の分配に対するものだ。だが富の分配は不公平だと思っていても、費用便益分析を信じることはできる。富の分配は不公平だと思っていても、家は最高額入札者に販売されて当然だと考えることができるのと同じだ。

だが他方で、大きな家を手に入れることと、木の始末が許されることのあいだには、少なくとも一つの大きな違いがある。ビルは家のために出費したのだから、将来の経済活動のための富も力も少し減ったということになる。ところが木の場合、ビルはタダで勝利を手に入れたわけで、そのほうが不愉快な気がする。それは道理にかなった違いである。しかし繰り返すが、これは費用／便益の原理を捨てることなく対処できる問題なのだ。もし、ビルが本当に眺望に五〇万ドルの価値があると思っているのなら、木を切り倒すという特権の代償として私に三〇万ドル支払ってくれればいい。そうすれば、ビルも私も二人とも幸福になれる。そして実際私が木の所有者だとしたら、まさにそうなるはずである。

さらに費用と便益に関する本当の難問に挑みたければ、これはどうだろう。以下は第七巡回区控訴裁判所のリチャード・ポズナー判事が提供した理論である。

仮に私があなたの体を有刺鉄線でぐるぐる巻きにして牛追い棒で殴るために、一〇万ドルまでなら支払う気があるとして、あなたのほうでは五万ドル以下ならそんなことはさせないと考えているとする。それは私にとっては一〇万ドルの便益で、あなたにとっては五万ドルの費用なのだから、優秀な費用便益分析家なら全員が、有刺鉄線でぐるぐる巻きにして牛追い棒で殴ってもいいと同意してくれるだろう。そして実際には、二人で話し合って、たとえば七万五〇〇〇ドル支払うことで折り合いがつくということであれば、まさにそのとおりになるわけだ。誰もが、あなたも私も費用便益分析家の皆さんも、気持ちよく家路につくことになる。

だが、ここに少し悪魔的なひねりを加えてみよう。

嫌がる相手を痛めつけることが私の喜びだとする。あなたに金を支払って、それであなたが満足して帰ることがわかれば、せっかくの楽しみがぶち壊しになる。するとどうなるのか？

純粋な費用便益分析の観点からすれば、それでも私はあなたを痛めつけるが、あなたは支払いを受けない。厳密な費用便益分析の基準からすれば、金持ちのサディストは誰でも好きな相手を痛めつけることができることになる。それは、ビル・ゲイツに木を切らせるよりもはるかに不愉快なことであるし、それがこの問題の正しい解決策だと言う人間に出会ったこともない。結論としては、少なくとも私の知る誰一人として、費用便益分析が政策評価に最も重要なものであるとは考えていないということだ。私たちは、尊厳や自由といった価値も大切だと考えている。もちろんそれは良いことにはちがいないが、それにはいくらかの厄介な帳尻合わせが必要だということでもあるのだ。

受胎以前をどのように扱うか

ここにもう一つ、費用便益分析を実践する者にとって厄介な問題がある。それは誰を考慮に入れるべきなのか？　ということである。

答えは間違いなく「全員」なのだが、そこにも議論の余地は大いにある。その「全員」には、まだ生まれていない胎児は含まれるのだろうか？　その答えは、妊娠中絶論争に費用便益分析を適用する場合には確実に重要になる。胎児に対する費用は計算に入るのか、入らないのか？　さらに言えば、「全員」の中に牛は含まれるだろうか？　その答えは、菜食主義の倫理を議論する際には確実に重要になる。

費用便益分析を適用するには、まず胎児を一人前の人間と見なすかどうかを決めなければならないが、いったん決めれば費用便益分析はほとんど無用になる。そして、一般的な費用便益分析の原理が胎児の扱いについて何も教えてくれないとしたら、それはほぼ間違いなく「受胎以前」をどう扱うべきかについても教えてくれはしない。私たちには、受胎しないかぎり生きる機会のない、何兆ものまだ見ぬ人のために考慮に入れるべき道徳的義務が何かあるのだろうか？

考えられる二通りの答え、「イエス」と「ノー」は、いずれも明らかに間違っているように、私には思える。「イエス」と答えれば、膨大な数の子どもを作るという道徳的義務を負うようなものだ。受胎以前の存在に道徳上の地位があるとするならば、彼らはある種の牢獄に捕らわれた囚人であり、生者の世界へ抜け出せないのだから、私たちには一部でも救い出す義務が生じるはずだ（私はこの本の中で、すでに生を享けている人々のためにもっと子どもを作るべきだと主張した。だがこの理屈を受け入れるなら、私たちはさらに多くの子どもを、当の子どもたちのために作るべきだということになる）。それは私にはまったく間違ったことのように思える。

答えが「ノー」だとしたらどうなるだろう。

つまり受胎以前の存在には道徳上の地位などないとしたら、未来の世代が存在できなくなるまで地球を丸ごと破壊し尽くそうと、道徳的には反対する根拠はないということになる。だからと言って、私たちが必ずしも地球を破壊したいということではない。地球を保存したいと思う利己的な理由が他にあるかもしれないし、仮に地球を破壊したいと思ったとしたら、道徳的には許されるというだけのことである。最初から未来の世代をもうけようとせず、そして受胎以前の存在は道徳的存在と見なされないのなら、犯罪の被害者がいないわけだから、本当の犯罪ではないということになる。

要するに、受胎以前の存在にも権利があるとすれば、困った結果が生じる。そして権利がないとしても、また別の困った結果が生じる。おそらく第三の考え方があるのだろうが、それは、受胎以前の存在に関わる問題に対し、私たちが厳密に論理的な判断を下せないことを認めるようなものだ。ここにその証拠をお見せしよう。

きっと誰もがこんなカップルをご存知のはずだ。彼らにはすでに二人の子どもがいて、三人目をどうしようか迷い、心は揺れている。プラス面とマイナス面をあれこれ挙げてみたりもする。そうしてようやく産もうと決断する。そしてその三人目の子どもが生まれた瞬間から、親はその子に深い愛情を感じ、その命を守るためなら喜んですべてを投げ出してもいいと思うのだ。

それと、電気製品や家具やCDの買い方を比べてみるといい。たいていの場合、迷ったあげくに購入したものが、何よりも大切なものになるということはない。もちろん、例外もある。CDなどは、実際に聞いてみたら思いのほか良かったということがあるが、一般的な法則としては、迷ったあげく手に入れたものが大切にされることはあまりない。

それならなぜ、子どもの場合はそうではないのだろうか?

私の同僚は、ここに実質的な矛盾はないと主張する。赤ん坊を「電子レンジ」と同等と見なすことが間違っているのであって、赤ん坊は中毒性の薬物と同等だと考えるべきだというのだ。人はヘロインをやろうかどうか迷うが、いったん手を出すと病みつきになってやめられなくなる。赤ん坊も同じだという。

しかし私には、これは非常にまずいアナロジーのように思われる。なぜなら、ヘロイン中毒者のほとんどが、初めは中毒にはならないと思っていた人たちだからだ。それは彼らが愚かだからなのか、それともいちかばちかの大ばくち打ちだからなのかはわからないが、たしかにそう考えていたのだ。そうでなければ、なぜあれほど多くの中毒患者が、自分の経験を語る際に「あのときわかってさえいれば……」という台詞を口にするのだろうか？

親の場合は、そうではない。親は前もって、それもほぼ確実に、子どもに病みつきになることがわかっている。電子レンジを選ぶ客と同じように、目をしっかりと見開いて中毒することを選んでいるのだ。

さらに、これも親とヘロイン中毒患者との大きな違いなのだが、親は前もって、それもほぼ確実に、中毒から抜け出したいとは思わないことを知っている。すでに二人の子どもがいて、三人目を迷っている人なら、親であることがどういうものかよくわかっているはずだ。そして、中毒に陥った自分が嫌でたまらない中毒患者と違って、親は子どもに対する愛着を大切にするのだ。いったん手にすればそれほどまでに愛することがわかっているのに、なぜ初めは手に入れることをためらうのだろうか？

しかし一人娘の親として私は、人々が実際そのように行動することを実証することができる。受胎以前の子どもたちは、生まれたあかつきには自分にとって最も貴重な「財産」になることを私は知っている。それでも私は受胎しない道を選んだのだ。つまりこの問題にはいかなる論理も存在しないということなのだろうか？

二つの議論の正反対の結論

この議論全体が、日曜日の学生寮で交わされる雑談みたいだと思われたとしたら、それは違う。

現実世界のきわめて重要な政策課題、たとえば社会保障制度の改革などについて話すときはいつでも、暗黙のうちに受胎以前の未来の世代に対する義務について話していることになるのだ。その相手が誰なのかがわからないままでは、そうした義務について分別のある話し合いはできない。

もちろん、社会保障制度をめぐる論争の大部分は、そもそも無分別か無意味なことで知られている。論者の立場はどうあれ、問題の根底にある経済学とはまったく関係のない、貸金庫や信託基金やその他の会計上の駆け引きなどを意味もなく引っぱり出して、言葉を並べ立てているだけなのである。

根底にある「経済学」とはこういうことだ。

西暦二〇五〇年には、いくらかの若者といくらかの高齢者がいる。この人たちの働き加減にもよるが、分配されるいくらかの量の商品とサービスも生まれていると考えられる。二〇五〇年の人々は、基本的に四つの疑問に直面する。「若者はどの程度働くべきか?」「高齢者はどの程度働くべきか?」「その結果生み出された商品やサービスを若者はどの程度消費すべきか?」「そして高齢者はどの程度消費すべきか?」

これらの疑問に対する答えは、二〇五〇年の議会で論じて決めることであり、今日通過させた法案はどれもほとんど顧みられないだろう。したがって未来の国民の手助けをしたいと思っても、今の会計上のルールやごまかしを考慮に入れることにはほとんど意味がない。私たちにできるのは、消費を減らして、未来に多く残すことだけだ。良い工場をたくさん残せば、良い商品を生産でき、彼らはそれを私たちが制約することのできない方法で分配することだろう。

したがって、社会保障制度に関して意味のある疑問は二つしかない。一つは「孫の世代が多く消費できるように、私たちは消費を減らしたいと思っているだろうか?」であり、二つ目は「そう望んでいるとしたら、どうすればいいのだろうか?」ということである。

二つ目の問いに対する答えの一つは、税制上の優遇措置を利用して貯蓄を奨励することになるからだ。あるいは社会保障制度を段階的に廃止しても、少なくとも一部の人は多く貯蓄するようになるだろうから、貯蓄を奨励することになる。こうした改革に伴う費用は、財布のひもを締めなければならないことだ。貯蓄を増やすということは、消費を減らすという意味である。そして社会保障の給付金を段階的に廃止するということは、不機嫌な七五歳が増えるということでもある。

この犠牲を払うかどうかは、重視する相手が誰かによって変わってくる。社会保障制度を明日にも廃止して、今の七〇代から八〇代の人々から丁重に巻き上げてもいいと思うならば、未来永劫すべての世代を豊かにすることができるだろう。なぜなら、そうすれば人々はすぐにでも貯蓄を始めるようになるからだ。社会保障税を払うのとそう変わらない負担で、多くの投資が生まれ、そこから工場が増え生産性が向上し、さらに継続的な貯蓄によって常に活性化されるのである。最終的には、今の高齢者を数百万人打ちのめせば、未来の人々を数限りなく豊かにできる可能性があるということだ。

厳密な費用便益分析に従えば、これは良い取引である。これは、今日そばにいる人々と同じぐらい、未来の人々を重視した場合の話だ。もちろん、これでは現在の高齢者にとってきわめて不公平であることは承知している。要は、それでも利益のほうが損害に勝るということである。

一つの優れた議論は、いつの時代に生まれようと人は人なのだから、もちろんすべての人々を平等に考えるべきであると主張する。それに対して、また別の優れた議論はこう反論する。①そもそも生殖しなければならないという道徳的義務はない。②そうした未来の人々に生命を与える必要さえないのに、富を与える必要などあるわけがない。

二つの優れた議論が、結論ではまったく正反対の立場を取っていることに、私はまたしても身もだえしてしまう。

「まだ生まれていない人々」の豊かさ

社会保障制度の改革または廃止は、未来の世代を非常に気にかける人々、言い換えれば、環境保護を支持するような人々の心に訴えるはずである。環境保護も社会保障制度改革も、現在生きている人々から取り上げたものを、まだ生まれていない人々に与えることだからだ。したがって、どちらか一方を支持する人は、概してもう片方にも気を配っているものと予想する。

どういう立場を取ろうか決めかねている人は、まだ生まれていない人が、今生きている人よりもずっと豊かであるだろうということを覚えておいたほうがいい（本書で試算したように、私たちの子孫は、四〇〇〇年後には日に一〇〇万ドルを超える収入を得ているかもしれないのだ）。社会保障制度に反対したり環境保護を支持することは、たくさんの収入を比較的貧しい人々、すなわちあなたや私から、比較的豊かな人々すなわち私たちの華麗なる大金持ちの孫たちに移動させようとしているのにほかならない。

金持ちから貧しい人々に収入を移動することを目的とした福祉大国を支持しながら、そういう立場を取ることはすんなり理解できることではない。

これらのことから、まず得られる近似の結論はこうだ。一部の人々は、貧しい人々のほうを気にかけていて、ゆえに現在生きている人々のほうが大切で、福祉事業と現行の社会保障を擁護するが、環境保護には力を入れない。他方でそれ以外の人々は、豊かな人々のほうを気にかけていて、ゆえに未来の世代のほうが大切で、福祉事業および社会保障の削減を支持し、環境保護を推進している。

もちろん、いずれも簡単に片づけられる問題ではないし、考えつくあらゆる政策の組み合わせには、きっときちんと筋の通った知的基盤があるにちがいない。だがその中には、ほんの少しであっても矛盾の匂いが感じられるものもある。そしてその矛盾も、私を身もだえさせるものの一つである。

死者の意向と遺族の意向

胎児や受胎以前、あるいはけっして受胎しない存在をどう扱うべきか不確かなままではあるが、ここで考えを亡くなった人たちに向けたい。私たちは、死者の意向も気にかけるべきなのだろうか？

そんなわけはない。死者には意向などないのだし、それが死んでいるということなのだ。だが、かつて彼らが持っていた意向はどうなるのだろうか？

「臓器を摘出しないでくれ」「脳死状態になったら、延命処置はしないでくれ」「遺灰をニューヨーク証券取引所のビジターズ・ギャラリーから撒いてくれ」といった意向のことだ。

ときに死者の意向が尊重されることもあるが、それは死者が並外れて賢いと思っているか、「死者に決めさせる」のが、血を見ずに争いを治める良い方法だと思っているかのどちらかである。

そういうわけでアメリカ合衆国憲法を頼みにするのだが、それもここでは役に立ちそうにない。死者の意向を尊重する、たとえば遺言書を執行するもう一つの理由は、彼らの生前の行動を変えるためである。財産が赤の他人ではなく娘の手に渡ることが約束されるのなら、私はもっと働いて消費を抑えるだろう。その結果、他の人々はあまり働かなくても多く消費することができるということになる。結局、私が生産しても消費しなかった分はすべて、他の人の手に入るものである。それも、私の死を待たずとも今すぐ手に入るのだ。それは、あなたが私の遺言書の執行を約束するもっともな理由になるし、同時にその約束を守るもっともな理由でもある。そうすることで、他の人々が将来そういう約束を信じられるようになるのだ。

一方、あなたには私の遺体を処分するように指図されるいわれはないように思える。私にはそのことに強い意向があったかもしれないが、死んでしまえばそんなものはまったく意味がなくなるし、その意向を叶えるという約束が、生前の私の行動を何か社会に役立つものに変えるとも考えにくい。

私たちがときどき助言を求める、賢い死者の一人であるトーマス・ジェファソンは、「地球は生者のものであると諭した」が、それは死者の意向は無視して差し支えないという意味である。もう生きてはいないのだから、彼らが望んだことを気にかけるのはつまらないことだ。

だが、遺族の意向はどうなのだろうか？

ここにぴったりの例がある。テリー・シャイボは生命維持装置をつけ、ずっと意識不明のままで死んだも同然と考えられていたが、夫と両親がその装置を外すかどうかで揉めたことによって、全米の注目を集めた（シャイボ夫人の実際の状態については、当時も今も少なからぬ論争が繰り広げられている。私には、それについて何か興味深いことが言えるような専門知識はまったくない。したがって本章の分析は、議論を進めるために、シャイボ夫人は回復不能だったと仮定している）。

「シャイボ騒動」は、テリー・シャイボの肉体という一つの資源の管理をめぐる争いだったわけだから、十分に「経済分析」の守備範囲に入る。夫のマイケルは、彼女の体を処分したいと考え、両親は栄養を与え続けたいと思った。ここで一つの疑問が生じる。なぜ、誰かが処分しようと決めた資源を回収しようとする人を阻止する必要があるのだろうか？ 私が捨てたトースターを、あなたが私のゴミ箱から回収しようというのなら、それは最終的には経済的な利益となる。マイケル・シャイボが実質的に妻の体を捨て、それを両親が回収したいというのならば、阻止する意味はないように思える。

ただ、マイケル・シャイボは阻止し**たかった**のだという事実が存在する。そして費用／便益というゲームでは、すべての人間の欲求は尊重されるものとするのがルールである。しかし私には、その点については自信がない。

先に検閲という例外について検討したが、それと同じ例外がここにもあてはまるのではないだろうか。人がやりたいことをやろうとするのを、単にやめさせたいからやめさせるという意向には応じるべきではないと、私は思う。それは非常に危険な立場である。線引きをどこにするのかについてさまざまな疑問を引き起こすだろうし、私にはそうした疑問にどうやって答えればいいのかまったくわからないからだ。だが、石頭の横暴というものを認めるのも一つの手のように思える。

そしてマイケル・シャイボは、きわめてそれに近い頑な立場を取っていたように思える。マイケルに妻の体の使いみちがあったのだとしたら（たとえば、それを使って夕食の調理をするとか）、それならもう少し同情できたはずだ（その一方で、配偶者を夕食用に調理することを許すような習慣を作るべきではないとは思う。配偶者の安全と健康を守るうえで、非常に悪いインセンティブを生み出すことになるからだ）。

だが実際には、妻が望んでいると彼が考えた埋葬以外、マイケルにはその体を使って何かをしようという考えはまるでなかった。しかもそれは、基本的に死んでいる女性の、とっくの昔に考慮に入れられなくなった望みなのだ。マイケルが望んだのは、他の人がその体に栄養補給するのをやめさせることだけだった。そのことと、人が『チャタレイ夫人の恋人』を読むのをやめさせようとすることのあいだには、ほとんど違いはないように思える。

いや、一つ違うとすれば、私には人々がD・H・ロレンスを読む理由は熱烈に理解できるが、人々が基本的に死んでいる家族に栄養を補給したがる理由はあまりよくわからないということだ。これがもし、他人の力を借りて（たとえばメディケアを通して）栄養補給してほしいと願っているのであれば、彼らの意向を無視しても差し支えないと思えるかもしれない。だが自分で費用を負担すると言っている以上、心から望んでいることなのだろうと推測できるし、阻止する理由も見当たらない。

実のところ、マイケル・シャイボも同様に、埋葬したいという強い望みを示している(一〇〇〇万ドルとも一〇〇〇万ドルとも報じられる延命への援助の申し出を断っている)が、二つの望みのあいだには本質的な違いがある。一方の、栄養補給をしたいという望みは、『チャタレイ夫人の恋人』を読みたい望み、もっと厳密に言うと、私個人としては文学的価値の認められない作品を読みたいという望みに似ている。もう片方の、人が栄養補給するのをやめさせたいという望みは、検閲の欲望に似ている。そして、たとえ厳密な費用便益分析が薦めようとも、私は検閲となるとたじろいでしまう。

大きすぎる政府は「川」を汚染する

費用便益分析に基づいた政策決定に関する哲学的・経済学的議論は、多くの教科書で扱われているが、ここでそれを要約するつもりはない。そうした議論を学んだほとんどの人が、概して納得のいくものだと思いつつも、私の知るかぎり誰一人として普遍的な説得力があるとは思っていない、と言えば十分だろう。問題は、どこで線引きするのかということである。

私は、人の行動をコントロールしたいという好みの、ちょっと上あたりに線を引きたいと思う。もし、インターネット上のポルノやアラスカでの石油の掘削、あるいはゴミ箱の中の虫のせいであなたが嫌な思いをしているとしたら、私は喜んでその不快感を本物の費用としてみなすけれども、政策分析の計算に入れはしない。

だがそう決めたにしても、一抹の不安は残る。なぜなら、そこに線を引いた理由が、明快な原則に基づいたものではないからだ。

もし、あなたがこれから行こうとしている場所で石油の掘削が行われていることに反対しているなら、私はそれを計算に入れたいと思うだろう。だが、夢の中でしか行かない場所で石油の掘削が行われていることに反対しているなら、それは計算に入れたくないと思う。自分のそうした気持ちにそれなりの理由はあるつもりだが、もう少しましなものであってほしいとは願っている。

未来の世代の扱い方について考えなければならないときも、やはり同様の不安を覚える。そしていちばん不安になるのが、フィラデルフィアの保険のような市場の失敗を目の当たりにしたときだ。政府が動けば明らかに問題は多少とも解決されるだろうが、そのためにはほんの少し自由を代償にする覚悟が要る。

原理上は、あらゆる波及費用に課税をし、あらゆる波及便益を助成すれば、「公共の川」はきれいになるはずだ。だが、大きすぎる政府もまた「川」を汚染するものだということを、心に留めておきたいものである。

スティーヴン・ランズバーグ Steven E. Lansburg

ロチェスター大学の経済学部教授。著書に『ランチタイムの経済学』(ダイヤモンド社、1995年)と『フェアプレーの経済学』(ダイヤモンド社、一九九八)がある。また、数学や経済学から哲学まで、多岐にわたった内容の記事を30本以上発表。オンラインマガジン『ストレート』の人気コラム「日々の経済学 (Everyday Economics)」の著者であり、『フォーブス』や『ウォールストリート・ジャーナル』その他多数の雑誌に寄稿している。

清宮真理 (きよみや まり)

1965年東京生まれ。慶応義塾大学文学部卒業。映画配給会社勤務を経て、翻訳者・ライターとなる。訳書に『ふしだらかしら』『大食いたちの宴』(共にバジリコ)、『アート&フォトグラフィー』『エル・ブリの一日』(共にファイドン)ほか。

貞節はある種の公害だ!

2018年4月23日 初版第1刷発行

著者 **スティーヴン・ランズバーグ**
訳者 **清宮真理**
発行人 **長廻健太郎**
発行所 **バジリコ株式会社**
〒162-0054
東京都新宿区河田町3-15 河田町ビル3階
電話:03-5363-5920
ファクス:03-5919-2442
http://www.basilico.co.jp

印刷・製本 **中央精版印刷株式会社**

装丁・**長山良太**
編集協力・**株式会社トランネット**

ISBN978-4-86238-237-5